あの人の「才能」をトレースする技術

経営コンサルタント
森 貞仁
Sadamasa Mori

フォレスト出版

はじめに

本書に書かれているのは、**「成功者と同じ結果を出すための方法」**です。

世の中には「成功者」と言われる人たちがたくさんいます。しかし、彼らは最初から成功者だったわけではありません。普通の学生、普通の会社員だったところから、一段一段、ステップを上っていった。その結果、今いる場所にたどり着いたわけです。

成功している人、何かで飛び抜けた結果を出す人を語るときに、「才能」という言葉が使われがちです。

もちろん、人によって向き不向きがありますし、ある能力についてプラスの数値が圧倒的に高い人もいるでしょう。

しかし、多くの場合、**才能を分解していくと、誰でもトレース、つまりマネをすることが可能である**ことがわかります。特にビジネスの世界では、大きな結果を出していても、実行動としての一つひとつは、単純でマネがしやすく、小さなこと。「できる」「できない」で考えたときに、誰でもできることばかりです。

大きな結果を出している人のやっていることを**「分析」**して、**原因と結果の結びつき**を知る。そのうえで自分でも**「真似」**をする。**より再現性高く、成功率高く結果を出すための方法**を、お話ししていきます。

「成功者」というと、起業家や経営者をイメージしますが、会社員として働くうえでも役立ちます。「分析」「真似」の対象者を職場の上司や先輩に置き換えれば、そのまま同じように考えることができます。

そして、成功者と同じことができるようになった先にあるのが、自分だけのオリジナリティです。

オリジナリティとは、今とは別の場所で見つけるものでも、発揮するものでもありません。**誰でもすでに、オリジナリティを持っている。**成功者を通じて学んだことに自分のオリジナリティを加えて、ビジネスの領域を拡大していく。それが本書のゴールです。

*

さて、申し遅れましたが、少し自己紹介を兼ねて私のことをお話しさせてください。

私はいくつかの事業を手掛けていますが、メインとなるのは、副業や起業をしたい人を対象にEC物販のノウハウをアドバイスするビジネスコミュニティの運営です。他に女性起業家を支援する事業や不動産事業、法人に対してのコンサルティングなどを手掛けています。

6期の決算では売上が27億2000万円になりました。私個人で言えば、だいたい3億円以上を自由に使えます。客観的に見て、成功したといって差し支えないと思います。

とはいえ、私に何か特殊な能力があるわけではありません。

私が育った家庭は、経済的に恵まれた環境ではありませんでした。頑張ってそれなりの大学に入って大手銀行の内定を受けましたが、就職はせずに大学院受験を決めました。しかしそれも失敗し、一時期スロットのプロとして活動します。のちに住宅リフォームの会社に就職したものの、30歳になるまで、年収300万円でした。

人生を変えるきっかけとなったのは、今の妻との出会いです。お金を理由に結婚できないなんて嫌だ、自分の人生、このままでは終われない。そうして起業にチャレンジしました。

そこから現在までの道のりは、本書でご紹介するプロセスを自分自身でなぞるものでした。**圧倒的な結果を出している成功者を探し、彼をメンターと位置づけて、「分析」「真似」の対象者としました。**ひととおりのことを覚えてから、自分なりのやり方で拡大。これまで、もちろん大変な部分もありましたが、おおむね、自分の予想どおり、計画どおりに進んでいます。

お金が手に入るようになってから何が変わったか。

よく聞かれる質問ですが、「すべて」としか言いようがありません。年収が1億円を超えるようになると、見える世界が変わります。あらゆる意味で「選べる」ようになる。ずっと楽しい人生だったけれど、より楽しく、ストレスのない人生になっています。

好きな服を選べる。高級な夕食を選べる。ラグジュアリーホテルを選べる。世界中から旅行先を選べる。そして、どんなビジネスをするのかを選べる。何を大切に生きていくのかを選べる。

そんな**自分で選ぶことのできる人生**を、ぜひあなたにも手に入れていただくために**必要なのが**、あの人の「才能」をトレースすること。

本書でそのノウハウを余すところなく公開しますので、ぜひご活用いただけたらうれしい限りです。

あの人の「才能」をトレースする技術◎目次

第1章

観察する力

第2章

分析する力

第3章

真似する力

第4章

拡大する力

第5章 つながる力

装幀◎河南祐介（FANTAGRAPH）
本文デザイン◎二神さやか
編集協力◎岡部昌洋（株式会社エム・オー・オフィス）
DTP◎株式会社キャップス

序章

成功への攻略法

あの人〝だけ〟が成功する理由なんてない

「お金を稼ぐ方法」は、誰でも知ることができる

世の中には、「成功者」と呼ばれる人がたくさんいます。彼らの姿は特別な存在のように感じますが、そんなことはありません。

論理的に考えて、彼ら〝だけ〟が成功する理由なんてありません。もちろん、中には持って生まれた才能のようなもので突き抜けてしまう人もいますが、ごく少数です。

また、「成功」という言葉には、大企業の社長になったり、画期的なイノベーションを起こしたり、というイメージもあるでしょう。大富豪になろうというのであれば、確かにそうしたことも必要でしょう。

しかし、自分とその周囲が不自由のない暮らしを手に入れる程度の成功であれば、誰でも達成することができます。

成功への攻略法は、必ず存在します。

起業のノウハウやフリーランスでの稼ぎ方、副業から始められるビジネスなど、今はネットで検索するだけでも山ほどの情報を仕入れることができます。もちろん、質の良し悪しはありますが、中には有料でもおかしくないような内容もあります。

またお金を払えば、オンラインサロンやオンラインスクール、リアルの場でも、書籍やセミナーなどでさらに詳しい情報を手に入れることができます。

このように、あらゆる方向から「お金を稼ぐ方法」を知ることはできる時代です。成功者がいて、そこに行きつくための方法が半分しか開示されていないのなら、やり方がわからないかもしれない。しかし、**ビジネスの手法そのものは、ほとんど開放されている**と言えます。であれば、**それを真似るだけ**です。

ビジネスとして考えると難しく思えますが、何も特別なことではありません。

高校受験や大学受験を思い出してみてください。やみくもに勉強するわけではなく、過去の入試問題などを分析して、必要な知識を覚えていたはずです。子供の頃に遊んだテレビゲームでも同じ。魔王を倒せるなんて想像もできないようなレベルでスタートするけれど、ちゃんと攻略法は用意されている。それに沿って進んでいけば、必ずクリアできるわけです。

なぜうまくいく人といかない人がいるのか

どんなことにも攻略法がある。なのに、ビジネスがうまくいく人といかない人がいる。これは事実です。

ではなぜ、結果が分かれてしまうのでしょうか。

一代にして大企業を築いたり、それを長年継続したりするためには、人並み外れた能力が必要でしょう。運も影響してきます。

しかし、小規模でのビジネスの場合、うまくいかないのには、別に原因があります。

1つは、**攻略法自体を知らないから**です。

誰でも普段から、書店やネット、電車の中吊り広告、いろいろなところで情報の入り口を目にしているはずです。ここまでは、成功者もそうでない人も同じ。

しかし、「自分がこれを攻略する」と考えていない人は、情報が目に入っても無意識にスルーしてしまいます。あるいは、なんとなく気になって本を手に取ってみるけれど、パラパラと見るだけで終わってしまう。

うまくいかない原因のもう1つは、**攻略法を知っていても、やらないから**です。

本を買って、読んでみた。そしてそこに書かれていることを、実践するかどうかです。情報を仕入れたところがスタートで、行動に移らなければ何も変わらないのに、知っただけで満足してしまう人が多い。それを超えて動き出すことができたとしても、結果が出るまで継続できなければいけません。

逆に言えば、**攻略法を知って、継続さえできれば必ず成功する**わけです。ただ、そうはいっても、やはり動けない人、継続できない人のほうが多いものです。

だからこそ、チャンスがあります。動けない人ばかりの中で自分だけが実践できれば、それだけで差別化できます。

効率的な成功への攻略法や、行動を継続するための考え方について、具体的には本書を通してお話しししていきます。

まずは、**成功とは限られた人にだけ許されたものではない**ことを知る。ここがスタートです。

成功確率を最大限に高める

「考えるより行動が先！」の危険性

本書のノウハウの目的は、ビジネスの成功確率を上げること。これに尽きます。

自分の人生を変えたいと願っていて、新しい選択肢を知った。すると多くの人は、やみくもにスタートを切ってしまいます。

「考えるより行動が先！」

といった、最近の自己啓発的なコンテンツにありがちなメッセージも聞こえてきます。

そのまま、ゴールにたどり着くまでにどんな過程があって、それぞれのステップがどれくらいの難易度なのか、そこでどんなことが起こるのかをしっかり知らないままにスタートしてしまう――。それは、とてもナンセンスです。

スタートを切るときには、みんなポジティブです。だから、成功している人の姿は目に入りますが、失敗している人のことを見ようともしません。

その道で成功している人が、1000人いるかもしれない。しかしその裏には、失敗している人が1000人いるかもしれない。今から自分がやろうとしていることが、とても成功確率の低いことかもしれないわけです。

みんな失敗したくはないはずなのに、自分の願いと矛盾することをしてしまいます。

例えば、家電製品を購入するなら、店舗に行く前に事前に価格差を下調べして、損をすることがないように準備するはずです。しかし、仕事のやり方を変える、別の仕事を始めるとなると、「考える前に動け」とスタートしてしまう。

「人生を変えるために動き出す！」と決断すれば、それだけでうまくいくと考えてしまうのかもしれません。

しかし、そんなことはあり得ません。**決断の先に、どれだけ成功確率の高い道筋を描くかがすべて**です。

ビジネスはギャンブルではない

もちろん、準備が大事だとはいえ、どれだけ準備しても、必ず成功するとは限りません。特に転職や独立・起業となると、不安定な道だと考える人も多いでしょう。

しかし、ビジネスはギャンブルではありません。より安全な道を選ぶこともできるし、不利だと思われる選択肢を選ぶ場合でも、その条件の中で成功確率を最大限に高めることはできます。

ビジネスである以上、不安要素があるのは事実です。

例えば、私は今、SNSを使って副業や起業の情報を発信することで、億以上の売上をつくっているのですが、起業するまではSNS発信の経験がありませんでした。むしろ苦手意識がありました。できないことではないとは思うけれど、慣れていないので時間がかかるでしょう。当初の見込みよりも、長い時間が必要かもしれません。すると、全体の行動計画もズレていきます。

また、私と同じタイミングで同じようなビジネスモデルに新規参入しようという人も出て、競争関係になることが予想できました。

そもそも、事前にどれだけ予想しても、現実には何が起こるかわかりません。

そうとらえると、不利にも思えるけれど、私は危ないとは考えませんでした。それは「なせばなる！」といった精神論ではなく、論理的な分析と計算があったからです。

起業当初は、最初に自分がやろうと思ったビジネスの形態を見ても、どのように成功へと進んでいけるのかわかりませんでした。その状態のままスタートを切っていたとしたら、確実に失敗していたはずです。

そこから本書でお話しするような考え方で、観察や分析を徹底的にしました。その結果、起業の成功確率は85〜90パーセントだと判断しました。

その根拠はいろいろありますが、大きかったのは、自分がやろうと思ったビジネスやその中心として動いている人を分析して、「これは自分にはできないな」と思う部分がほとんどなかったことです。

これは、私の能力が高いということではなく、分析の結果です。

ビジネスを構築する要素を細かく分けて、そのときどきで何をするかを知っていく。

どんなに大きなビジネスも、その日そのときの行動はシンプルです。そこまで考えたときに、自分のできないことはなかったわけです。

世の中のすべてのことには、必ず因果関係がある――。

それさえわかれば、攻略できます。成功は、誰にでもトレース可能です。

「考える前に動け！」という考え方は間違いではありません。考えているだけでは現実は変わりませんから。どこかで必ず行動に出なければいけないし、それが早いほうがいいのも事実です。

しかし、**「やみくもに動くこと」と「効率的な道を探すこと」では、まったく違う結果が待っています。**ここをはき違えないようにしてください。

意図的に自分を成長させていく

成功者との間にかかる雲

自分の人生に満足できていない人、現実を変えたいと思っている人にとって、「成功者」は見上げる位置にいます。自分のいる場所より、はるかに高い場所。

両者の間には、いつも雲がかかっています。見上げている人は、雲の上に星が輝いていることは知っています。でも、自分の目には見えません。見えないから、リアルに感じることができません。

リアルに感じることのできないまま、ずっと見上げています。

「俺はここで終わる男じゃない」「私もいつかあそこに行くんだ」

とはいうけれど、具体的に何をどうすればいいのかわからない。毎日の仕事はそれなりに忙しいから、なんとなく「自分は頑張っている」という気持ちにもなります。そして、そのまま時間だけが過ぎていきます。「成功したいな」「人生を変えたいな」と思っていても、年齢を重ねるにつれて、だんだんと現実が見えてくる。すると、次第に自分が主役になることをあきらめてしまいます。

私も、以前はその一人でした。30歳になるまで会社員として働いていたけれど、未来は見えませんでした。やらなければいけない仕事を頑張っていただけで、未来へ向けた行動はしていませんでした。

ぼんやりと「年収1000万円くらいになれるといいな」とは考えていたけれど、どうすればそこにたどり着くのかを知ろうとしていませんでした。こうした姿勢では、当然、高いところへは上っていけません。

雲の中へ続く階段をどう上っていけばいいかを知り、実際に一段一段、上っていく。その繰り返ししか、雲の上へとたどり着く方法はありません。なにか特殊なやり方で、一足飛びに、雲の上にたどり着く方法なんて存在しません。

雲の上にいる成功者も、やってきた一つひとつの過程は小さなことです。自分ができることを積み重ねてきた結果、気づけば今の場所にいるのです。

時間を有効活用する

「人は平等に生まれてくる」という言葉を、素直に受け入れられる人は少ないでしょう。家庭の経済状況や持って生まれた才能のようなもの、あるいは容姿や性格など、どんな人でも必ず、「自分が持っていなくて、人が持っているもの」をうらやむ気持ちになることがあるものです。

しかし、**人に与えられる「時間」は同じ**です。

1日24時間、1年365日。これは絶対に変わりません。時間をどう使うかが、成功者とそうでない人たちとを分ける大きな要素になります。

時間を有効に使うためには、早く行動を開始することです。本書ではビジネスの成功確率を上げるための考え方をお伝えすることを目的に、準備段階について大きく紙幅を割いていますが、実際の時間軸で言えば、準備はほんの一瞬です。

しっかりと考えたうえで、すぐに行動する。そして、スタートしてからも、最大限の行動量で少しでも早く進んでいくことが成功確率を上げていきます。

一つひとつの行動に目的を持つ

行動のスピードと合わせて大事なのが、**すべての行動に「目的」を持つ**こと。それが、未来の自分をつくることになります。

例えば、小学校や中学校の勉強です。やっていること自体に、正直あまり意味はないかもしれません。因数分解なんて、大人になってから使わないですよね。

しかしもし、その勉強を「考える力を身につけるため」「計画的に取り組む力を育てるため」「期日を守ることの大切さを知るため」ととらえたとしたら、大人になってからも生きてきます。

一つひとつの行動に目的を持つことで、やらなければいけないことをただこなすところから、**意図的に自分を成長させていく**ことができるようになります。その大切さを、学校の先生は教えてくれていたのです。

人に与えられる時間は、みんな平等。それなのに、なんとなく人生が過ぎていく人と、人に求められる人生を生きる人がいます。

目的を持って、すぐに行動する。それが分かれ目です。

私も会社員だったときは、ボケーッと生きていました。毎日を惰性で過ごしていた、今考えると、やはり無駄な時間でした。そのように生きているだけでは、人生はすばらしいものにはなりません。

自分で自分の進む道を決める

自分より強い相手が現れたときの選択肢

会社員であろうが、経営者であろうが、個人事業主であろうが、ビジネスである以上は競争原理の中にいます。

そこで、自分より強い敵が現れたとき、選択肢は主に次の4つです。

①不利な状況から、戦って逆転する。
②成長してから圧倒的戦力で戦う。
③仲間を見つけて共闘する。

④負けを認めて軍門に下る。

やっぱり、分の悪い勝負はあります。

しかし、しっかり分析してみれば逆転、可能性がある場合も少なくありません。**まずは、自分が不利だと知る**ことが大事です。その条件から、最大限に成功確率を高めて勝負します。

今すぐには無理でも、成長してから勝負をかける。これは個人にとっては難しいことだと感じるかもしれませんが、**「弱者の戦術」**というのもあります。ニッチな場所、限られた、条件の中で勝つための力を持つ。

それでも勝てそうにない場合は、**仲間を見つけて一緒に戦う方法**もあります。価値観や方向性に共感してくれる人、こちらが共感できる人と組む。企業でも、シェアの少ない会社同士が合併して競争力を高めるといったことがあります。

あえて**強者の軍門に下る**という選択肢もあります。

みんな、新しいことを始めようとする前に、ほぼ無意識に負けを認めています。やろうとは思うけれど、どうせ無理だろうなとも考えている。

そうした精神ではなく、自分で軍門に下ることを選ぶ。起業や独立をするのではなく、会社員として働き続けることもここに入ります。それに、仮に起業して一生懸命やって失敗したとする。そこから成功者の下で働くということもあり得ますよね。

実力者のナンバー2としてパフォーマンスを最大化する人もいます。それで自分が納得して、満足できるなら決してネガティブな選択ではありません。

才能をトレースする5つの力

どんな道に進むにしても、自分で選ぶならそれでいい。しかし、自分で選択できずに、いや、選択できる可能性にすら気づかずに、今の場所にいる人は多いと思います。誰かに選ばされるのではなく、**自分の価値観で進む道を決める**ことが大事です。

そのために必要なのが、本書でお話しする**「5つの力」**です。

①観察する力
②分析する力

③真似する力
④拡大する力
⑤つながる力

結果を出すために、独立する、起業する、あるいは会社員のままでも仕事のやり方を変える。その具体的な行動としては、③の「真似」から入ります。成功者と呼ばれる人や、会社の先輩、上司がやっていることを、自分も同じようにやってみる。

しかし、誰かれ構わず真似をしても、非効率的です。そのため、どんな人を真似すれば成功確率が高くなるのかを、「観察」によって選びます。

そのうえで、成功者のしている仕事や、その会社、ビジネスモデル、市場などを「分析」します。成功者の仕事やビジネスそのものがどんな要素で成り立っているか、同じように再現するためのポイントを見つけていきます。

「真似」をして結果を出せるようになったら、そこに自分の強みを加えて「拡大」していきます。

「観察」→「分析」→「真似」

この順番が大事です。

まずは基本からです。「分析」「真似」を通して、自分がどんなことに向いているか、どんなところに特徴があるのかという〝強み〟を見つける。その強みをより生かす方向にビジネスを拡大していく。これが本書でいう〝オリジナリティ〟です。

そして、「分析」「真似」のためには、成功者の近くにいなければいけません。加えて将来的に組織を持ったり協力関係を築いたりするためにも、人脈が必要です。最終章では、人と「つながる力」についてお話しします。

最後に順番をまとめます。

「観察」→「分析」→「真似」→「拡大」→「つながる」

あなたは、何のために人生を変えたいのか

感情面での目標を持つ

私が起業したきっかけは、現在の妻との出会いでした。一緒にいる時間が長くなるほどに結婚したいと思うようになったけれど、当時の年収は300万円。会社の上司を見れば、今の仕事を続けていても収入が大きく増えることはないとわかります。目の前にいる大事な人に、「幸せにします」とは言えませんでした。その状況を何とか変えたくて、挑戦を決めました。

ただ、そのとき初めて自分を変えたいと思ったわけではありません。

社会に出てからずっと感じていた「自分の人生、このままでは嫌だ」という思い。

それが妻との出会いをきっかけに、強く意識されるようになったのだと思います。

何かを始めようとするとき、最初に必要なのは「目標」です。私の場合は、「結婚したい」でした。

目標設定をするとなると、「数字で具体的に決めましょう」と言われます。確かに売り上げや収入の目標も必要ですが、一番大事なのは「こうなりたい」「こうなりたくない」といった感情面です。

人間の原動力は、感情でしかない。行動するうえでは、自分の感情面に向き合うことがすごく大事です。

大それた目標は必要ない

この本を読んでくれているあなたには、どんな目標があるでしょうか。

私は、一人の人間が考える目標というのは、決して大それたものでなくてもいいと思います。

「貧困問題を解決するためのビジネスをしたい」

「自分のつくるものを世界中の人々に」

いずれもすばらしい目標ですが、そうした〝**高尚さ**〟**のようなものを目標の基準にしてしまうのは危険**です。

もちろん、貧困問題を解決することが自分にとって本当に大切で、その願いを達成することが幸せに直結するなら問題ありません。

しかし、多くの人は人生の目標というと、等身大の自分とはかけ離れたことを考えてしまいます。

自分が「欲しい」「なりたい」とリアルに感じられるものでなければ、結局はうまくいきません。

歴史に名を遺すような偉人も、最初は個人的な感情からスタートしています。それを達成したときに、また次の目標が見えてくる。そうして一つひとつ進んでいった結果、世界を救うような偉業を成し遂げるわけです。

目標を強く自覚する

私のように、恋愛や結婚が行動のきっかけとなる人は多いと思います。子供に不自由な思いをさせたくないという人もいるでしょう。もっと単純に、家を建てたい、高級車が欲しい、モテたい、有名になりたい、名誉が欲しい。スタート時点で持つ目標は、どんなことでもいいと思います。

ただし、「あの人みたいになりたい」とか、「年収1000万円」といった考え方だけを基準にするのは危険です。

人は、自分が手に入れたいものがなければ動けません。「あの人」は何を手にしているから、自分にとっての憧れの対象なのでしょうか。お金が欲しいにしても、そのお金を使って手に入れたいものがあるはずです。

本書では主に、成功を手にするための、論理的な部分をお話ししていきます。

しかし、**人は感情で動く生き物**です。どれだけ明確に成功への道筋を「理解」しても、それだけでは動けません。

感情からスタートしなければ、真剣にはなれません。

「なぜそこに行きたいのか」を自覚しなければ、本書を読んでも実践に移せません。

もしかしたら、最後まで読むこともできないかもしれません。スタートを切れたとして、思いが弱ければ継続していくことができません。

なぜ、たくさんある本の中から、本書を手に取ったのでしょうか。
自分の人生にどんな不満があるのでしょうか。
自分の人生をどう変えていきたいのでしょうか。
絶対に手に入れたいものは何でしょうか。
絶対に手放したくないものは何でしょうか。

ここで一度本を置いて、自分はどんな感情を理由に行動するのか、考えてみてください。そして、その願いを常に意識しながら、本書を読み進めていってください。

第1章

観察する力

「観察」の心得

「分析」「真似」の対象者を選ぶ

第1章では、「観察」についてお話しします。

第2章以降で「分析」や「真似」のフェーズに進んでいくわけですが、自分の挑戦に対する成功確率を上げ、効率的に成功へと近づいていくためには、手あたり次第に分析したり真似をしたりしていても、仕方ありません。

「観察」とは、「分析」「真似」の〝対象者〟として、どんな人を選べばいいのか。それを見極めるための過程だと考えてください。また、観察を通して対象者の考え方や行動を知ることが、先のフェーズに進んだときの土台にもなります。

それに、対象者を選ぶこととは別の視点でも、観察は大事です。

社長や上司がどのようなことを考えているかを知らなければ、組織の中で自分のポジションを築いていくことはできません。将来協力関係になる仲間を探すときや、組織拡大のために人を雇う場合にも観察が必要になります。

ビジネスを通して出会う人すべてに対して、「観察」は必要だと言えます。現在のためにも、将来のためにも、普遍的に通用するスキルを手に入れましょう。

人の「印象」を分解する

「観察」では、簡単に言えば、どんな人をお手本にすべきか、どんな基準でその判断をすべきか、ということを見ていきます。

しかしこれを実際に考えてみると、結構難しい。なぜなら、人は他人に対する評価を、全体的なイメージで決めている場合が多いからです。

分析や真似の対象者として、どんな人が適切か。読者のみなさんはどのようにイメージするでしょうか。「仕事のできる人」「優しい人」「頭のいい人」、いろいろあると思います。

しかし、何をもって仕事ができるのか、優しいのか、頭がいいのかと考えるとどうでしょうか。はっきりと条件を並べることはできないでしょう。それでは、どんなところを真似すれば再現性が高まるかがわかりません。

詳しくは本章を通してお話ししていきますが、対象者の基準をざっくり言うと、

「仕事で成果を出している人」

「標準的な人」

「人間的に嫌だと感じない人」


です。これらの基準に対して、細かく条件を説明していきます。

そして、その条件には**「客観」**と**「主観」**が含まれます。

「仕事で成果を出す人」「標準的である人」の部分では、客観的に評価していくことが大事です。自分の好き、嫌いが入ると冷静に判断できません。そのうえで、最後に

は自分が相手をどう感じるかが大事になってきます。そこでは客観性を捨てて考える必要があります。

この順番が大事です。いきなり主観で判断しようとすると、どうしても感情的な判断が入ってしまい、冷静な評価ができません。客観だけで見てしまうと、自分に落とし込むことができません。

多くの場合、他人の評価は線引きが曖昧《あいまい》です。いろいろな要素が複雑に絡んで、その人の印象を全体的に判断している。それを解きほぐしていくところから始めましょう。**「印象」を分解していく**のです。

最低限の知識を得ておく

対象者選びの条件として、具体的には、その人の外見や言動を見ていきます。そしてそれらを評価するためには、こちら側にもある程度の知識が必要です。

例えば、誰かの言葉遣いを評価するためには、こちらも常識的な言葉遣いを知っていなければいけません。常識性を判断するためには、こちらも常識・非常識の違いがわからなければいけません。

あるいは、外見を評価するためには、今世の中ではどんなファッションがはやっているのか、どんな客層に向けてどんなブランドがあり、それらの商品はどれくらいの値段で売られているのか、基本的なところは押さえておく必要があります。

無理に勉強する必要はありませんが、最低限の知識は持っておきたいものです。

本を読んで、社会人として恥ずかしくないくらいの常識は身につけておく、雑誌などを見てファッションの流行をチェックしておく。それが周囲から見た自分の評価にも影響することになります。

【STEP1】
対象者選びの大前提を知る

目的により観察対象は変わる

何を目的にするのかによって、「分析」や「真似」の対象者は変わります。具体的な対象者選びとして、大枠から考えてみましょう。

私の場合、「分析」「真似」の対象となる人のコンサルティングを受けるために、仕事を辞めました。思い切って大きなチャレンジするのもいいと思いますが、やはり会社や身近な関係性の中で考えるほうが無難だと思います。

「分析」を経たあとの「真似」というフェーズを考えると、立場の離れた人ではあまり意味がありません。実行動で考えたときに、自分がすることと社長がすることでは大きく違うからです。それを真似しようと思っても無理です。年齢の近い先輩や、一つ上の役職の人を観察すべきです。

しかし、自分のたどり着きたい最終地点は、先輩ではありません。考え方や物事のとらえ方、主義、思いという面では、より高く対象を選ぶべきです。大きな思考枠という意味では、社長をトレースできる可能性もあります。

それに、**「分析」「真似」は一回やったら終わりということではなく、自分のいるステージが上がる中で常に繰り返していく**ことになります。最初は雲の上にいるような人であっても、いずれ実行動としての真似をすることになっていきます。

また、会社の中でポジションを高めていこうとするのであれば、自分はトップの意向を実現するピースとして存在していることを認識しなければいけません。

トップがどう考え、何を優先しているかがわかっていなければ、おかしな方向に進んでしまいます。社長は「森を大きくしたい」と考えているのに、自分は「海に出るために頑張っている」のであれば、いつまで経っても立場は良くなりません。それを防ぐためにも、トップの観察や分析は必要です。

第一条件は「結果を出している人」

大前提として、対象者は「仕事で結果を出している人」です。

「人生で仕事が一番大事」「結果がすべて」だとは言いませんが、本書のノウハウの目的は、ビジネスとしての結果を出すことです。当然、参考にすべきなのも結果を出している人です。口でどんなにそれらしいことを言っていても、結果を出していない人は除外です。

仕事の協力者や将来的なビジネスパートナーを探すための分析であっても、自分にメリットをもたらしてくれる相手でなければいけません。この場合も、やはり力のある人、特に自分が不得意なことに対する能力を持っている人です。

まずは**数字でわかる部分**を見ていきましょう。

簡単なところでは、相手が会社員であれば月収、経営者であれば会社の売り上げです。他にも販売実績や顧客数。チームを率いる立場であれば、部下の成績、チームの成績。それらが高ければ高いほどいい。それ以外にも基準はありますが、いったんここを大枠として考えましょう。同じ会社にいる人であれば、ある程度のことはわかると思います。

実態をしっかりと確認する

ただし、表面上の数字を鵜呑《うの》みにしてしまってはいけません。

まず単純に、嘘をついたり見栄を張ったりしている場合もあります。先輩が「俺は人より高い給料をもらってるよ」と言っていても、実際の金額を教えてくれない限りは、本当かどうかはわからないわけです。その点、営業成績などであれば嘘はつけません。**裏付けの取れる数字**を見ていきましょう。

一見、結果を出しているようだけれど、その条件下での偶然性が働いている場合もあります。例えば営業マンが大口の顧客を先輩から引き継ぎ、売り上げが多くなっている。あるいは売り上げ成績はいいけれど、よく見てみるとチームとしての動きが大きく影響していて、本人の能力はそこまで関係していないケースもある。大きな結果を出しているけれど、ずっと昔のことだという場合もあります。

また、対外的な要素が働いている場合もあります。

例えば、新型コロナ禍で大きく売り上げを落とす業界や、逆に恩恵を受けた業界もあります。マスクや消毒薬、家具、テイクアウトの食品などは、普段より売りやすくなっているはずです。

これらの要素が強ければ、真似をするには適さないでしょう。**その個人が自分の力で確実に結果をしているという事実**が大事です。

【STEP2】
直接聞けることができる相手を選ぶ

「会える人」でなければいけない

最近では、インターネット上にもたくさんの成功者がいます。彼らを「分析」「真似」の対象者として考えることもできます。

SNSでの発信が増え、知らない人とでもつながることのできる環境になっていきます。特に若い人たちはネットでのやりとりに抵抗は少ないでしょうし、ネットでモデルケースを探すことも一般化しているように感じます。私も、起業を決意したときにネットでメンターを探しましたし、自分がビジネススクールを開くようになってからも、生徒さんはネット経由での応募がほとんどです。

対象者をネットで探すこと自体に問題はないのですが、必ず「実際に会える人」を基準にしてください。リアルな場でのセミナーを開催している人や、直接連絡を取ることができて、その後の付き合いも見込める人です。

直接会えることのメリットには、まず、**学ぶ効果が高い**という点があります。文章や通話よりも、実際に会って話を聞くほうが得るものは大きい。

そして、生の声を聞くことが、何より**再現性を高めることにつながります**。新入社員のときにどんなことをしたのか、どんな上司がいたのか、今の自分の姿を想像していたか、脱サラするときはどんな気持ちだったのか。そうしたリアルな情報を自分に照らし合わせることで、「真似」の段階でつまずきそうなポイントや、飛躍のタイミングがわかります。これらをネット上のやりとりで聞くのは難しいでしょう。

それに、リアルで会うことを重ねていくと、相手にとって自分が〝その他大勢〟ではなくなります。**より親身に、自分に合ったアドバイスを聞くことができます。**

最も大きいメリットは、**相手の人格や価値観がわかる**こと。これから「分析」「真似」をしていく中で、大げさに言えば自分の命を預けることになるわけです。会ったことのない人、人間的に共感できない人に、それはできませんよね。STEP8で改めてお話ししますが、対象者が持つ論理やスキル以上に、人間性に共感できることは大事です。

聞いて知ることが8割

特に「真似」のフェーズでは、リアルに聞ける人を対象者にすることが大事です。対象者のやっていることを理屈では理解していても、行動する前では仮説に過ぎません。うまくいくことがあれば、当然うまくいかないこともある。その結果に対する原因がわからないこともたくさんあります。そして往々にして、原因がわからない部分ほど、再現するうえでの重要度が高い。それらの因果関係は、対象者に聞かない限りわかりません。

そうしたときにネットでいちいちやりとりをするのは時間もかかるし、気後れする部分も出てきます。電話やオンラインで話ができればまだいいですが、チャットなどの文章のやりとりでは細部が抜け落ちてしまうこともあります。

何か疑問に思ったことを、すぐ聞けるという関係性。オーソドックスに考えれば、やはり自分のまわりにいる人の中から対象者を探すほうがスムーズです。

ビジネスは、調べてわかることが2割、聞いて知ることが8割です。インターネットや書籍といったように、与えられている情報は誰でも同じ。聞く情報によって大きな差が付くのです。

日常的にネットでも情報収集する

真似や分析の対象者としては、リアルな関係性の中から探すほうが無難です。ただし、ネットは広い意味での情報収集に有利です。

リアルで知っている人だけであれば、情報量が限られますし、分析できる時間も制限されます。ネットであれば、その分野で飛び抜けた実績を出している人や、自分とは別の分野の人の情報も簡単に集まりますし、自分の好きな時間に、手軽に分析できます。

実際には、リアルでの対象者を探すのと同時に、日常的にネットで情報収集をすべきです。具体的に近づくことはしなくても、自分の仕事に関する分野や、興味のある分野の成功者は、日常的に観察しましょう。

それに、周囲に対象者として適切な人を探そうとしてもなかなか見つからない場合もあります。そこで待っていても仕方ありません。

表面上の情報であっても、いろいろと知ったほうが早い。**分析や真似を実践していくうえでのスモールステップ**としても有効です。

【STEP3】

ネットで対象者を探す危険性を知る

ネットでの発信には裏付けのないものが多い

STEP2では、「分析」「真似」の対象者はリアルに会える人にすべきというお話をしました。会えない人を対象者とすることには、**「本当に結果を出しているかどうかが見えない」という危険性**もあります。

ネット上では、実体のないビジネスをしている人もたくさんいるのが現実です。見せかけだけ整えて、実際にはまともなビジネスをしていない。そうした誇張の、あるいは、偽りの発信に影響される人は、残念ながらとても多いのです。

SNSのプロフィールだけを見れば、「どれだけすごいんだ」というような人がたくさんいます。仮に「売り上げ１００億円」とうたっていても、その裏付けがなければ、信じてはいけません。

中には、**嘘をついているケース**もあります。

例えば私たちのビジネスコミュニティで教えているECでの物販事業。同様のビジネスをしている人を見ると、「初月で２００万円稼ぎました」みたいな発信もたくさんありますが、おそらくほとんどが嘘です。それほど稼げるケースは少ないからです。「月収４０００万円」なんて人もいますが、絶対にそんなに大きな数字にはなりません。月収ではなく売り上げならあり得るかもしれません。単純な入金を「月収」と偽っているわけです。

ビジネスであれば、必ず原価と売り上げがあって、利益がある。そこから最大値や平均値もわかります。考えられる数字から大きく離れているのなら、理由をしっかりと調べなければいけません。こちら側の知識も必要ですが、自分がやっているビジネスの分野であれば、ある程度実状はわかると思います。

もっと言えば、**犯罪に近い、グレーなビジネスをしている場合**もあります。とんでもなく稼いでいるけれど、調べてみると詐欺まがいのことをしている。そうしたビジネスは長続きしませんが、一時的にはとても派手に見えるので、思わず信じてしまいそうになります。それを真似してしまえば、自分も同じ立場になるだけです。

ネット上の成功者の発信のすべてが嘘だとは言いませんが、最初は疑ってかかるくらいがちょうどいいと思います。

「悪評」をどう判断するか

ネットで人の情報収集をしていると必ず出てくるのが、「悪評」です。

成功している人やビジネスには、必ず悪評が付いてきます。アマゾンレビューと同じように、すべての評価が「星5つ」というのはあり得ません。

もしあるとしたら、〝仕込み〟である可能性のほうが高いでしょう。

問題は、その悪評をどうとらえるかです。情報弱者は、悪評を見て悪評だけに反応します。それでは先に進めません。

表面上で判断せずに、書いてあることの中身を見ます。基準としては、**客観的事実と悪評を書いている人の主観の違い**です。

例えば、情報商材に対して「120万円払わされた！　サギだ！」というコメントがあったとします。この場合、おそらく、「120万円払った」というのは事実でしょう。しかし、120万円という数字だけを見れば大きいように思いますが、ビジネスの初期投資に120万円必要などという話はよくあります。

大事なのは、その120万円がどんな効果をもたらすかです。

悪評を書いているということは、本人にとって良い効果がなかったということです。その評価を見て「これはダメなんだ」と考えてはいけません。自分が同じことをやったときに、どうなるかです。

120万円払って成功している人が他にたくさんいるのであれば、悪評を書いた人が頑張らなかっただけかもしれません。120万円を払うだけでうまくいくと考えていた。そんなにうまい話はないですよね。

一方で、根拠のある悪評もあるわけです。サービス提供者から事前に知らされていた情報が入ってこない、もらえるはずだったリターンがもらえない。その悪評は信じるべきです。そうした差を見極めるために、**表面上の情報だけではなく、その奥を探る意識が大事。**これはリアルでも同じです。

【STEP4】
「外見」で対象者を見極める

〝ダサい〟人は服装を選ぶ「理由」がない

ここまでのステップで「分析」「真似」の対象者の大枠をお話ししました。ここから、より具体的な基準についてお話しします。

まずは「外見」について。外見を構成する要素はたくさんありますが、その人の仕事に対する能力や姿勢が表れるという意味では、第一に服装です。

乱暴な言い方になりますが、**〝ダサい〟人は対象外**です。その理由は追って説明しますが、〝ダサい〟〝オシャレ〟の差は、私の個人的な印象値でしかないかもしれません。なかなか客観的に評価しづらいところではあって、私独自の解釈になりますが、

周囲の人が見てダサいと感じるのは、その服装を選ぶ「理由」がない人だと思います。

なぜその服を着るのかを考えずに、主観だけを基準に服を選ぶ人です。

「TPO」というように、みんな何かしらの理由があって服を選びます。結婚式にジャージで行く人はいないですよね。もちろんそこまで極端なことをする人はなかなかいませんが、TPOの中で、より良く見せようとする人と、なんでもいいと思う人に分かれます。

服装によって、相手に与える印象は大きく変わります。オシャレな人というのは、「何のためにどんな服装をするか」ということを考えています。

2人の営業マンがいて、同じものを売っている。片方はヨレヨレのスーツで、もう片方は体形に合ったスーツをビシッと着ている。どちらから買うかといえば、明らかですよね。

なぜお金持ちはハイブランドを着るのか

必ずしも高級な服装でなければいけないというわけではなくて、安い服でもこだわりがある人は違って見えます。

会社で黒か紺かのスーツに白のシャツだと決まっている。無難なスーツを選んで、クリーニングは半年に1回でしわだらけ。5着でいくらのシャツに、同じく3本セットのネクタイを締める。電車に乗っている6割のサラリーマンがそうだと思います。

一方で、それと同じ金額でも格好良く見せている人はいます。読者のみなさんの周囲を見ても、思い当たる人がいるのではないでしょうか。

私は人と会うときに、必ず相手の服装を見ます。

やはり収入の高い人はハイブランドの服を着ていることが多いのです。有名ブランドのものであれば、こちらでもある程度値段の予想がつきます。そこから収入もある程度見えてきます。初めて会う相手であっても、**「結果を出している人」という条件に適うかどうかを測れる**わけです。

お金持ちがハイブランドの服を着るのは、もちろんお金に余裕があるという面もありますが、**その服装が自分の信頼感を高めることを知っている**からです。

その人の収入を知っていたり、ある程度予想ができたりする場合、ちょっと無理して買っているなと思っても、ポジティブな要素としてとらえます。仕事ができるということを戦略的にアピールできるスキルを持っていると考えられるからです。

外見の基準は〝万人受け〟すること

人の考え方が現れるという点では、**服装と同様に髪型を観察**します。

職種や立場によって変わると思いますが、金髪や派手なパーマなど、あまりに奇抜な髪型は、やはり対象外です。最近は若手起業家などに派手な髪型の人もいますが、実績を出している人の中で、おかしな髪型をしている人は少ないと思います。

もちろんボサボサ頭でも違う。服装にしても、髪型にしても、万人受けするものの中で、特徴を出していく。誰かに好かれることも大事ですが、多くの人に嫌われないこともとても大事です。受け入れてもらえない人が多ければ多いほど、仕事の機会は減っていきます。

このように分解していくと、オシャレとは計算の上に成り立っていることがわかります。そして、その狙いどおりの効果を出すためには、知識が必要です。

オシャレな人は雑誌やネットを見て、はやりや自分を良く見せるコーディネートを知っているはずです。ダサい人、服を選ぶ理由がない人というのは、そうしたことを知ろうとしません。服装や髪型で自分をプラスに見せようとしない。靴にカバン、腕時計、アクセサリーなど小物系も同じですよね。観察の基準と同時に、自分でも気を付けておきたい部分です。

【STEP5】

「言葉遣い」「話し方」で対象者を見極める

無意識に印象を悪くする言葉遣い

私は京都の生まれで、元々関西弁です。今でも家族や古くからの知人の前では関西弁ですが、ビジネスシーンでは基本的に標準語を使うようにしています。

関西弁が悪いということではありません。ただ、関西弁は悪気がなくても、他の地方の人には雑に聞こえたり、威圧的に聞こえたりします。

コミュニケーションは、ただでさえ複雑で、誤解が起きがちです。単に方言の問題でその危険性が大きくなるのはもったいないものです。多くの人に的確に言葉を伝えようと考えると、**標準語のほうが適している**と判断しました。

方言は一例に過ぎませんが、本人の気づかないうちに、マイナスに働いてしまう言葉遣いや話し方は他にもたくさんあります。

例えば、**知り合って間もないのに敬語が消える人**。気軽にコミュニケーションを取れる関係性は大事ですし、絶対に敬語でなければいけないとは思いません。ただ、そのタイミングを見誤る人が多い。

以前、バーで30代後半くらいの開業医の方と会いました。二言三言話しただけで、友達口調で話されてしまう。嫌な人ではありませんでしたし、ビジネスで関係があるわけではないので気にしませんが、やはり受け取る印象は悪くなります。

ビジネスシーンでは敬語が基本です。できる人ほど、相手が下の立場でも年下でも敬語を崩しません。よほど親密な相手であれば別ですが、それでも、冗談を言い合えるようになったら、少し友達口調で話してみて反応をうかがう、そうして少しずつ崩していくといったように、慎重にすべきです。

難しい言葉を使う人は避ける

私が人と話すうえで特に大事に思うのが、**難しい単語を使わない**ことです。頭がいい人、仕事のできる人ほど難しい言葉を使いません。小学生にでもわかるくらいの単語で話します。

よくわからないカタカナ語を使う人、いますよね。「イニシアティブ」「フィックス」「アジェンダ」……。難しい四字熟語や故事成語を持ち出す人もいます。

いかにも「仕事のできる人」のように見えると考えるからでしょうが、往々にして底の浅い印象を与えてしまいます。自分が意味のわかっている言葉でも、相手が理解しているとは限りません。そこで印象を悪くしてしまうのは損です。いわゆる〝かっこつけ〟のためではなく、無意識にこうした言葉遣いをしている人もいますが、厳しい言い方をすれば、それは相手への配慮不足です。

難しい言葉を使う人の一番厄介な点は、言っていることの意味がわからなくても、相手が聞き返しづらいというところです。言葉の意味を聞くために話を遮るのもためらわれるし、「そんなことも知らないの？」と思われるのも嫌なものです。

その場で終わることであればまだいいのですが、しっかりと話を詰めておかなければいけない部分で、コミュニケーションが曖昧になってしまうこともあります。その後、情報共有が不十分であることが大事なところで表面化して、結果的にお互いが損をすることもあります。

極端な言葉遣いをする人は避ける

世の中には嫌われる言葉や汚い言葉を使う人がいます。

例えば、若者言葉やネットスラング。本当に若い人が友達相手に使うならまだいいですが、20代後半にもなってビジネスシーンで使う人もいます。そうしたことを続けていけば、信用に足る人間だとは思ってもらえません。

単純に言葉遣いが乱暴な人もいます。人を傷つける言葉、不快な言葉を多用するような人と一緒に仕事をしたいと思う人はいないでしょう。

他にも、言葉の意味を間違って使う人、人の話を途中でさえぎる人、話のテンポを相手に合わせない人、話が無駄に長い人など、**言葉遣いや話し方で損をしている人はたくさんいます**。自分の話ばかりする人もいますね。聞いている側にとって、そこに学びがあればいいけれど、そうでなければ辟易《へきえき》するだけです。

「分析」「真似」の対象者を選ぶとき、言葉遣いや話し方あまり細かく気にするところでもありませんが、**極端におかしな人はやはり避けるべき**です。外見と同じように、「自分をどのように見せるか」がわかっていないと考えられるからです。

【STEP6】
「感情の出し方」で対象者を見極める

感情は表情に表れる

知人に、ネット系のビジネスで一時期とても稼いでいた人がいます。自分のビジネスノウハウを教えるスクールも開いていて、ＳＮＳやYouTubeで意欲的に発信していました。明るい表情とハキハキした話し方には説得力があり、当初は売り上げも伸びていたようです。

ところが最近、久しぶりに彼のYouTubeチャンネルを見てみると、表情がやたらと暗いのです。以前とはずいぶんと印象が変わっていました。

ビジネスが厳しくなっているのでしょうが、だからこそ、人前でそれを見せてはいけません。**暗い表情や視線で自信のなさを感じさせてしまうと、相手は信用してくれません。**そんな状況でどれだけ自分のビジネスのメリットを伝えたところで、見ている人には伝わりません。

それどころか、「自分は困っている」「ビジネスがうまくいっていない」と宣言しているようなものです。悪い場合には、自分をだまそうとする人を、引き寄せてしまうこともあります。

デキる人は効果的に感情を表現している

仕事のできない人の共通点の1つに**「感情」のコントロールが下手**、という点があげられます。

例えば、「怒」という感情があります。交渉を優位に進めるためにあえて怒りを見せたり、愛情をもって部下を叱ったりするような場合は問題ありませんが、いつもやたらと怒っている人もいます。見ていて気持ちのいいものではありませんし、仕事上でかかわらなければいけない人であれば大変です。

こうした人たちは、自分が怒りを見せることで周囲にどんな影響を与えるかをわかっていません。「厳しさ」がプラスに働くこともありますが、ただ感情に動かされているのでは、やはりマイナスの面のほうが多いと思います。

あるいは、「哀」の感情。何かあるたびに落ち込んだり悲しんだりしている人もいます。周囲から見れば頼りなく感じられますし、実際よりも能力を低く見積もられてしまう。それに、周囲にもネガティブな空気が伝染してしまいますし、何より一緒に働いていて楽しくありません。

いつも怒っている人、落ち込んでいる人がいる一方で、常に穏やかな人もいます。どちらが信用できるか、仕事を頼みたいかといえば、明らかです。

感情をコントロールできる人は、効果的に感情を演出することができます。説得力を出したいときは厳しめの表情、初対面の人には笑顔で。そうしたメリハリのある人ほど、結果も伴っています。

感情を基準にした判断には再現性がない

感情はその人の印象や周囲へ影響を与えるだけでなく、判断をも鈍らせてしまいます。**ビジネスシーンで感情的になると、事実が見えなくなります。**怒っているとき、落ち込んでいるときに、間違った判断をしてしまうことは多いものです。

また、感情の動きに気を取られている間に、**判断のタイミングを失ったり、チャンスを逃してしまったりする**こともあります。何があっても腹を立てるな、悲しむなとは言いませんが、怒っても泣いても事実は変わりません。その時間があれば、次の行動を考えるべきです。

この点では、**「喜」「楽」に傾くのも危険**です。物事をポジティブにとらえるのはすばらしいことですが、行き過ぎると冷静な思考ができなくなります。本当はネガティブな面もしっかり検討して判断しなければいけないのに、注意が足りなくなってしまうこともあり得ます。

いずれの場合も、**感情を基準にした判断には再現性がありません**。仮にうまくいっても、次も同じようになるとは限らない。感覚的に正解を選び続ける人もいますが、極めて稀です。

ということは、自分が真似する段階になったときにも再現性がないわけです。

人間である以上、ある程度行動を感情に左右されるのは仕方ありません。

しかし、その危険性を知っていれば、ある程度はコントロールできます。感情的なふるまいの多い相手は、やはり「分析」「真似」の対象者には不適切だと考えましょう。

【STEP7】

「人間性」で対象者を見極める

道から外れたやり方を真似してはいけない

私は起業前、住宅リフォームの会社で営業担当をしていました。大手メーカーの商品を仕入れて、お客さんの自宅に取り付け工事をすることで利益を得る仕事です。

当時、同業他社はたくさんありましたが、基本的にみんな同じ商品を売っています。ある商品の仕入れ値は8万円。そこに工事費などを加えてお客さんに売るわけです。メーカーの卸金額は決まっているので、金額的にも差をつけられません。なかなか競合他社との差別化が難しいと言えます。

そうした事情もあったかとは思いますが、他社のある営業マンが自分の数字欲しさに、その商品を工事費込みの6万4000円で売り出しました。当然、お客さんはみんなそこから買うようになります。

そうして一度相場が下がってしまうと、元に戻すことが難しくなります。同じ会社が「あれは間違いだから、正しい金額で」といっても買う側は納得しないですよね。他社も赤字になるのにその金額で売ることはありません。

結局、その商品は廃盤になってしまいました。

どれだけ結果を出していても、やり方がおかしければ真似してはいけません。

無茶な値引きが営業マン個人の判断なのか、組織体質なのかわかりませんが、普通だったらそんなことしませんよね。ここでお話しした例は極端とも言えますが、もっとおかしな方法で稼いでいる人も実際にはたくさんいます。

特にネット上のビジネスでは、違法なやり方で稼いでいるというケースもあります。本人たちは上手にやっているつもりですが、道から外れたやり方は、必ずどこかで行き詰ります。一時的にはうまくいっているように見えても、結局は続かない。不自然な部分があるやり方を真似するのは避けましょう。

人間性は普段の行動に表れる

ビジネスをするうえで「これはしてはいけない」という、〝まともさ〟のようなもの。これは普段の言動にも表れます。人格に問題がある人は、どれだけ結果を出していてもかかわらないほうが無難です。

例えば、店員に対して偉そうな人、道端に平気でごみを捨てる人、荒い運転をする人。

こうした常識のない人の近くにいれば、まず自分が嫌な思いをします。付き合っていてもいいことがありません。

そして、その人が自分の前でだけ非常識であるとは考えづらいものです。他の人に対しても、他の側面でも必ず非常識なところがあるはずです。ということは、当然周囲にも嫌われている可能性が高い。そんな人がしているビジネスが、長く続くわけはありません。

自分の主観で嫌だと感じない人を選ぶ

人として正しい行動かどうかに加えて、ここでは自分の主観も大切にしましょう。**自分が人間的に嫌だと感じる部分が多い相手は、「分析」「真似」の対象外**と考えて問題ありません。

例えば、ある起業家がキャバクラで豪遊して、それを自慢している姿をSNSで見かけることがあります。成功者としてのイメージは大事なので、それをアピールしているつもりかもしれませんし、それを見て憧れる人も一定数いるでしょう。

しかし、自分が嫌な気持ちになるのであれば、やはり近づくべきではありません。その人を真似できたとしても、自分に合ったやり方ではなくなります。ということは、**必ずどこかで自分のやりたいビジネスとはズレが出てきます。**

ただ、嫌いな人を対象にしないほうがいいとはいえ、関係の浅い相手の人間性はなかなかわかりません。それに、普段見せている姿が、その人本来の姿だとも限らない。

いつもまともに見えていても、ふとしたところで本当の人格が出てくることもあります。それによってこちらが不利益を被ってしまうかもしれません。

そんなことを言っていたら、誰も信用できなくなる。確かにそのとおりですが、**人は見た目どおりだとは限らない**ということを知っておくことも大事です。

すべての人を疑うことは健全ではありませんが、常に危険を予測しておく。何か気になることがあれば、気のせいだととらえるのではなく、少し立ち止まって考える。その視点があることで、危機回避できる場面もあるはずです。

【STEP8】
最後は「共感」できる人を選ぶ

対象者選びで最も大事な基準

本章でここまでお話ししてきた「分析」「真似」の対象者の条件。このすべてにあてはまる人はなかなかいないと思います。世の中にはファッションに興味のない人もいます。怒りっぽい人も、金持ち自慢をする人もたくさんいる。多少おかしなところがあったとして、7割くらいクリアしていればいいでしょう。

しかし、絶対に外してはいけない点があります。対象者を選ぶとき、最も大事なのは、**その人の「価値観」に共感できるかどうか**です。

何のために仕事をするのか、どんなことを大事にして働くのか。逆に言えば、ここまでお話ししてきた条件をすべてクリアしていても、共感できないなら分析対象にするべきではありません。

人には、行動や選択の基準となる、何かしらの価値観があるはずです。「自分が最優先」という人もいれば、「何事も家族のために」という人もいます。ガンガン稼いで出世したいという人もいれば、給料は安くても自分の好きな仕事をしたいという人もいます。常に挑戦を続けたいという人もいれば、なるべく安定した道を進みたい人もいる。仕事が大好きだという人もいれば、趣味を楽しむために嫌いな仕事を頑張っているという人もいます。

そうした部分を「分析」のフェーズで見ていくことで、「こんな価値観に基づいて働いているから、こういう結果が出る」といったモデルが見えてきます。

適当に進路を選んで結果が出ている人は少ない。入り口は適当だったとしても、どこかに必ず指針を持っているはずです。それが自分に合っているなら、同じように進んでいくことができます。

つまり、**「どんな価値観が正しい」ということではなくて、「自分が共感できるかどうか」**です。その人の考え方の根本に疑問を感じていると、「分析」や「真似」のフェーズでいちいち立ち止まることになってしまいます。「この人でいいんだろうか」と考えて、自分に落とし込めません。納得しきれないまま進み、どこかで問題が表面化してしまいます。

私たちは、お金を稼ぐためではなく、幸せになるために成功したいわけです。自分の価値観を大事にしたうえで、幸せになりたい。土台がしっかりしていなければ、その上に何を積み上げても崩れてしまいます。

生い立ちを聞いて、納得できるかどうか

先輩や上司の普段の言動からも、どんな価値観を持つ人か、見えてくるものがあると思います。「この人、いつも奥さんの話をしているな」「お金のことばっかりだな」「趣味の話になると楽しそうだな」「お酒ばっかり飲んでいるな」などなど。

そこからさらに深掘りして、その人の生い立ちを聞いていきます。「どこで生まれたのか」から始まって、**通った高校や大学、就職・転職、結婚**など。必ずどこかで人生の選択があったことがわかるはずです。

良い大学を出て上場企業に勤めたのに、急にレールを外れる人もいます。転職回数がとても多い人もいます。結婚・離婚を繰り返す人もいます。それらが**良い悪いというわけではなく、その理由が大事**です。

岐路に立ったときに、なぜそちらを選んだのかを聞くことで、その人の価値観がわかります。仮に世間的には間違っているととらえられるようなことであっても、自分が聞いて納得できるものであれば、問題ありません。

対象者の生い立ちを聞くという視点は、「分析」のフェーズでも必要になります。また、オリジナリティを構築するための自己分析では、自分の生い立ちを自問自答することになります。人生の選択理由を人に聞くとき、自分で考えるとき、常にそこにどんな価値観があるかを考えましょう。

ただ、実際には価値観に共感できないという相手は少ないと思います。人間として嫌いな相手であれば、そもそも対象者にしようとは考えないでしょう。

私は**仕事でかかわる人には、最初に生い立ちを聞くようにします**。

それは「分析」や「真似」のためだけではなく、人を好きになりたいからです。初めてのデートでも、相手にいろいろ聞きたくなりますよね。それと同じです。

結果的に相手との関係性を続けないという選択をすることもありますが、基本的にはどんな人でも受け入れるようにしています。

ビジネスとは、すべて人で成り立っていることです。人生も自分を含めた人とのかかわりの中で続いていくもの。人を好きになろうという意識なしでは、うまくいきません。

第2章

分析する力

「分析」の心得

成功確率の高い仮説を最大限に立てるために

何かの課題を解決しようとするとき、少しでも成功確率を上げるための方法の1つは、**自分の経験を思い返す**ことです。

これからやろうとしているのは未知のことだけれど、過去に似たことを経験してきた。そうであれば、まったく同じ事象ではなくても、ヒントになります。例えば、受験勉強を頑張った人は、社会に出て資格試験の勉強をするときにも、過去のやり方が適合するところがあるはずです。

そしてもう1つの方法は、**「仮説」を立てる**ことです。

「こうすればうまくいくのではないか」という予測をする。クリアしたことのない課題に対して成功確率を上げるためには、それしかありません。

実際に行動に移るまで、仮説は文字どおり仮のものでしかありません。やってみなければわからないことは、もちろんあります。本書でお話ししていることも、行動に移る前の過程は、仮説を立てるものでしかありません。

しかし、**質の高い仮説で成功確率を上げることはできます**。あてずっぽうに仮説を立てても、何の意味もありません。できる限り正しい法則性を知らなければ、単なるギャンブルと同じです。

本章のテーマは「分析」です。観察によって選んだ対象者や、その人がやっている仕事、その業界を細かく見ていきます。

その目的は、自分がやろうとしている、あるいは今やっているビジネスについての**基本的な情報を得る**ことが1つ。

もう1つは、**ビジネスの法則性を理解する**ことです。どんな成果が、どんな原因によって生まれているか、その因果関係を見ていきます。世の中にすでにあるものを調べるだけで、仮説は限りなく正解に近づいていくのです。

徹底的に主観を排除する

「分析」のために不可欠なのは、主観を排除することです。「観察」のフェーズでは相手の価値観への共感が必要でしたが、**「分析」では徹底して客観的に見ていきます。**現実に起きていることだけを見て、なるべく多くのデータを仕入れます。

ここが甘くなると、自分の思い込みや世間的なイメージで対象をとらえてしまい、原因と結果の関連性を正しく認識できません。そうして、せっかく分析に時間をかけたのに、再現性が低くなってしまいます。

それに、感情と事実を分けて考える思考を持っていなければ、行動に移ってからも自分の主観が入ってしまいます。客観的に考えれば絶対にAを選ぶべきだと判断できたはずなのに、自分の考えが正しいと無理やり理屈をつけて、誤った選択をしてしまいます。

往々にして、主観が入り込んでしまっていることに、本人は気づきません。その結果、間違った理解を絶対の真実として考えてしまうようになります。どれだけ客観的に考えようとしても、主観は少なからず影響してきます。完全に排することはできませんが、極力気を付けるようにしましょう。

「分析」で気を付けておきたいこと

分析によって得る情報は、少しでも多いほうがいい。それだけ成功確率は上がります。ただし、人は調べたことをいつまでも覚えていることができません。ただ分析するだけでは、貴重な時間が無駄になってしまいます。調べたことは、リストにしたり表にしたりして、必ず記録するようにしましょう。

それから、分析をするうえでの意識としてもう1つ。**お金をかけることを惜しまないようにしましょう。**

今は無料の情報もたくさん出回っていますし、その中には価値のあるものもあります。

しかし、新聞にしても本にしても、本来、情報とはお金を出して仕入れるものです。ネットでは丸1日かけないと調べられないことが、その分野に詳しい人に食事をごちそうするだけでわかるということもあります。

実際には、**「観察」「分析」といった準備過程よりも、このあとの「真似」「拡大」に移ってからの過程に時間をかける**必要があります。この段階ではなるべくスマートに、効率良く進めていきましょう。

【STEP9】

標準性の中の特異性を見つける

標準的な人の周囲とは違うところに目を付ける

私が会社員の頃、直属の上司は本当におかしな人でした。営業担当として人前に出る仕事なのに、まず外見がおかしい。髪はボサボサで、しわだらけの上着にほつれたズボン、よごれたシャツ。

家に帰るのが嫌だったようで、いつも無駄に残業していました。私が先に帰ろうとすると、いちいち呼び止めて「そんなことで一人前になれるのか」と説教。鼻をほじりながら、ネチネチ責めてきます。

私に限らず、部下や後輩には厳しいのに、社長には周囲が見ていてわかりやすいくらいにこびる。理性もなければ、人にどう思われるかも考えていない。正直、良いところを探すほうが難しい人でした。

私は当時から「真似」の対象になる人を探していましたが、もちろんこの上司を深く分析することはありませんでした。上司はもともと大手の不動産業で営業職をしており、経験も知識もそれなりにありました。私よりも扱う案件数は多かった。

しかし、こんな人を分析してもどうしようもないわけです。なぜなら、彼のやり方で結果が出るとしても真似できないし、真似したくないからです。

第1章では、「分析」「真似」の対象者の基準について話しました。仕事で成果を出しているという大前提に加えて必要なのは、外見や言動に突飛なところのない人でした。つまり、「標準」の中に収まる人です。

ただし、すべてが標準的な人では、どこに結果につながる要因があるのか、見つけ出すことが難しくなります。**「周囲とは違うこと」**に目を付けなければ、成功の原因が探しきれません。

そこで、自分でも真似できる範囲で、対象者が持つ変わった特徴を分析する必要があります。**「標準性の中の特異性」を見極める力**。そこからビジネスの因果関係も見えてきます。

日常生活で観察眼を鍛える習慣

「標準性の中の特異性」を分析する力は、仕事とは別の場でも鍛えることができます。

私は街を歩いていれば、歩行者を観察します。年齢や性別はもちろん、どんな服を着ているか、どのブランドのバックを持っているか。すると、職業などもある程度予測がつくようになります。

そこから、**標準性の中の特異性がないかを探します**。

例えば、通勤ラッシュの電車の中で、取り立てて特徴のないスーツ姿の男性を見ていても仕方ないわけです。一方で、真っ赤なタイツ姿の人がいたとします。こちらを観察する必要もない。そこに何かヒントがあっても、真似できないからです。

しかしそこに全身ルイ・ヴィトンの女性がいたら、これは標準性の中の特異性です。なぜこんな時間の電車に乗っているのか、そこに何かしらの原因を想像することができます。もっと言えば、この女性が、ラグジュアリーホテルにいても違和感はないですよね。一方で、ヨレヨレスーツの中年男性がいたら、やはりそれも特異性です。

他に、**「どんな組み合わせの人たちがいるか」**という視点もあります。

先日、あるフランス料理のお店に招かれました。一人3万円くらいのコースです。カウンターの右隣には、高級な服装をした年配のご夫婦。特に注目すべきことではありません。

一方、左隣も男女の組み合わせでした。男性は中年で普通のスーツ姿でした。女性は若く、話の内容から察するに大学生です。まったく派手な感じではなく、今どきの普通の服装でした。それでお互いにずっと敬語で話している。そこからは、何かしらのストーリーを感じます。

どこかが特異であるということには、必ず原因があります。それを探ります。自分に合っているかどうかは重要ではありません。そうした視点で世の中を眺めることによって、だんだんと分析力が鋭くなってきます。それに、ちょっとした違和感に気づかなければ、ビジネスもうまくいきません。マイナス要素やチャンスがあっても気づけなくなってしまうのです。

【STEP10】成功者の「仕事」を分析する

仕事の「量」と「スピード」

「分析」「真似」の対象者の基準は、まず収入や売り上げといった実績を出していることでした。分析の段階では、その人の仕事ぶりを見ていきます。

その実績がどんな仕事から生まれているのか。どんなことが成功の要因なのか。結果と原因を結び付けるイメージです。

それに、同じ実績を出していても、人によってやり方は違います。「真似」のフェーズに入ったときに、自分も同じようにできなければいけない。仕事の順番や要素、それが自分に合ったやり方かどうかを知る意味でも、**対象者の仕事を細かく分析して**

いきます。

まずは、対象者がしている仕事の**「量」**です。周囲と比べてどれくらいの量をこなしているかを見ていきましょう。

多くの場合、成功者はたくさんの仕事をこなしています。もちろんたくさんのことをやっていても結果の出ない人もいるけれど、それはやり方が間違っているからです。結果が出るのは、正しいやり方で量をこなしているとき。失敗するときはその逆です。それに、成功者は人が嫌がること、面倒くさがることをやっています。つまり、人とは違うことをやっている。そのうえで量をこなすのだから、当然結果が出ますよね。

仕事の量の次には、**「スピード」**に着目します。同じ量の仕事を、人に比べてどれくらいの速さでこなしているかです。

ただ、量が多ければいい、速ければいいというものでもありません。効率の悪さを仕事の量でカバーする人もいます。仕事は遅いけれど、じっくり時間をかけることで確実性の高い仕事をする人もいます。これらのどのやり方が優秀だということはありません。**優劣を決めるとしたら、最終的な結果でしかない**わけです。そうした意味で、やはり対象者選びの前提は、結果を出している人だったわけです。

仕事のやり方を知ったうえで、それが「自分に合うかどうか」を考えます。効率を重視する人が「とにかく量だ！」と言われるとストレスが溜まりますし、じっくりやっていきたい人が「とにかくスピードだ！」と言う人を真似すると、苦しくなってしまう。逆もしかりです。自分はどのタイプが合うかを考えましょう。

整合性のある仕事をしているか

仕事ができないのは、仕事をさぼろうとしている人ばかりではありません。決断力がない、瞬発力がない、持久力がない。いろいろな側面があります。ただし、こうした基準を客観的に評価できればいいのですが、抽象的な概念のため、周囲から見て判断しづらいということもあります。

そこで、対象者がしている仕事の**「整合性」**を見ていきます。一つひとつの行動の理由やつながりがはっきりしているかどうかです。

例えば、水曜日に会議があるため、資料の作成に必要な情報の集計を前週の木曜日に依頼して月曜日には提出、火曜日にはまとめられるようにする、といったように順序立てて矛盾や無駄のないような行動を指します。仕事のできない人は、できない原因はさまざまであっても、「整合性」という視点で見たときに問題が表面化する場合が多い。

すべての要素が一本でつながっていなければ、効率も悪く、仕事の工数が増えます。再現性が低いから、結果も不安定。わかりやすい現象として、周囲とのトラブルが起きることも多い。こうした仕事を自分で真似しようと思ってもできませんし、下手にやればリスクが高まります。

すべての工程の中で、この作業がどういう意味を持つのか、じっくり注意を払ってやらなければいけないことなのか、スピード重視である程度質を無視してもいいものなのか。Aの仕事とBの仕事にどんなつながりがあるのか。対象者の仕事を分析していく中で、気になることがあれば聞いてみましょう。それが後々、自分で真似をするうえでの再現性を高めることになります。

整合性を基準に考えると、仕事ができるのは、表面上に大きな欠点がない人になります。同時に、大きな長所も見いだしづらいかもしれませんが、そうした人ほど、細かな観察さえできれば、真似はしやすいわけです。説明不能な才能で結果を出されていても、どう真似すればいいかわかりません。

社内のルール、あるいはその業界の仕組みや常識の中で、結果を出せる。そのうえで、**よく見ると人とは違う「当たり前」を持っている**。その秘訣を分析しましょう。

【STEP11】

成功者の「ストーリー」を分析する

現在の姿は過去の結果

「人」について考えるとき、目の前に見えている「現在」の姿にとらわれてしまいがちです。しかし、どんなことにも原因と結果があります。現在を結果ととらえたとき、必ずその原因があるわけです。

原因とは「過去」です。STEP8では、その人の価値観に共感できるか、という視点で相手の生い立ちを聞きました。ここでは一歩踏み込んで、対象者の生い立ちから成功要因を探っていきます。

生い立ちは、完全にその人オリジナルの要素です。そこから成功の要因を探れるケースはとても多い。自分で人生の岐路を選択したのか、与えられたものなのか、偶発的なものか必然的なものか。その理由を探求するのがすごく大事です。

例えば、対象者が資産家の生まれで、親が持っていた土地がなければできないビジネスを手掛けていたとします。その時点で、他人にはもう真似ができません。これは極端な例ですが、子供の頃から英才教育を受けていた、長い海外生活の経験がある、それらが成功と結びついている場合には、再現性が低い。

こうした背景を知らずに現在の姿だけを見ても、何もわかりません。例えば東京大学卒業の人が2人いて、片方は田舎の公立高校から出てきて自分でお金を稼ぎながら通っていた。もう一方は親がお金持ちで、子供の頃からしっかり教育を受けて進学校に通っていた。この2人では構成要素がまったく違うわけです。

どんな人生を送ってきたかを聞く

対象者の人生の中で、どんなところに成功の原因が隠れているかわかりません。**時系列で、さまざまなことを聞いていきます。**

生まれた地域が都会なのか田舎なのかで、どんな環境で育ったのかがある程度わかります。両親の職業を聞けば、どんな経済状況だったのかの予想がつきます。引っ越しの経験があれば、親が転勤族だったのかもしれません。

それから学歴です。公立高校から国立大学に進んだのであれば、標準的な経済状態から頑張って勉強したのかもしれませんし、ずっと私立ならお金持ちの家だと予想できます。特にわかりやすいのは大学です。良い大学に入ることが優秀だとは思いませんが、その背景には意味がある。それを模索することが大事です。

そして、社会人になってから。

例えば対象者の初任給が19万円だったとします。その後30歳で役職がついて、年収800万円になった。

この姿だけを見てもダメです。どんな気持ちでこの仕事についたのか、どんな人に育てられたのか。1年目にどんな動きをして、それが2年目にどう反映されたのか。**その経験の中で気づいたことや失敗したことを教えてもらう**ことで、自分が真似するときの再現性が高まります。

これは、「目標をしっかり持って初志貫徹で頑張っていなければいけない」ということではありません。誰だってうまくいかないことはあるし、他人から見れば理解できない判断をすることもあります。逆に、真っ白な人は信用できないとも言えます。失敗した、誰かともめた、会社を離れた、ということをダメなこととしてではなく結果への原因として考えることが必要です。その経験があったからこそ、のちの成功につながっているということもあるわけです。

あくまで相手への興味を持って聞く

人の生い立ちを聞くということに抵抗のある人もいるかもしれません。しかし、逆の立場で考えればどうでしょうか。これまでどんな人生を歩んできたのか、誰かに自分のことを質問されても、たいていのことでは不快にならないのではないでしょうか。お酒の場で上司に聞けば、「昔はさ」「お前らはいいね」と自分の話をしてくれるものです。

もちろん失礼な聞き方ではいけませんし、相手が聞かれたくないそぶりを見せた場合には、深追いは禁物です。そうした基本的なところさえ気を付けていれば、コミュニケーション能力に自信がない人でも大丈夫です。

真似をするためには、その人に共感できなければいけない。自分が成功するためではなくて、あくまでその人に興味を持って聞くことが大事です。それが、結果的に自分の成功確率を上げてくれるわけです。

【STEP12】

対象者の「周囲の人たち」を分析する

周囲の人たちの成功確率

対象者を分析するときには、**その本人だけではなく、周囲にいる人たちも見ていきます**。見落とされがちな視点ですが、とても大事です。

自分が対象者の真似をしようとしたとき、その周囲には同じように対象者に教えを乞う人がいます。会社の先輩や上司であっても、それは同じ。勉強したり真似しようとしたりしている人は、すでにいます。優秀な人であればあるほど、自分が初めて目を付けたということは少ないはずです。

周囲にいる人たちは、自分より早く対象者に近づいたり、学んだりしている。つまり、そこに**自分の近未来の姿がある**わけです。

彼らを見れば、**自分の成功確率**を予想できます。例えば10人いて9人が上司の教えを実践して結果を出しているのであれば、成功確率90パーセントです。しかし10人のうち1人しかできていないのであれば、そもそもその成功確率が低い。この場合、上司の教えには再現性がないと言えるわけです。

ただし、注意が必要なのは、100人やって99人が脱落していても、その99人が頑張らなかっただけ、という可能性もあるということです。

上司や先輩に「これをやればいい」と言われて、やらない人はたくさんいます。周囲がしていないことでも、自分だったらできることかもしれません。そこにある**実態を見極める**ことが大切です。

対象者が周囲の成長の要因になっているか

対象者の周囲の成功確率を分析するうえでの注意点がもう1つ。成功確率が高くても、それが対象者の教えが影響しているのかどうかはわからないということです。周囲の人たちは、対象者と出会う前と出会ったあとでどんな変化をしたのか。変化とは時系列の中で起きることです。経緯を聞いて、どんなことが起きていたのかを把握します。

もともと、月に100万円の売り上げを上げていた人が、上司と出会ったことで101万円になったとします。これはたいした変化ではありません。一方で、50万円から101万円になっていたとしたら、おおいに着目すべき変化です。

変化の前後に上司と出会ったこと以外に大きな出来事がなければ、上司の教えが変化の原因だと考えることができます。逆に下がっていることもあれば、本来はもっと伸びるはずなのに、ブレーキになってしまっていることもある。その因果関係をしっかり分析することが大事です。

周囲の人たちの共通点を見る

どんな要素が周囲の人たちの成功要因になっているのか。わかりやすいのは**共通点**

を探ることです。

まず、多くの場合、成功者の周囲の人たちがうまくいっている原因は、成功者の言うことを実践できているということです。

また、成功者が語っていないことであっても、周囲でうまくいっている人たちが同じような特徴を持っていたら、それを成功の原因ととらえることもできます。

仮にその要因が「行動の速さ」で、しかし自分はすぐに動くことが苦手だったとします。ここで自分はダメだと考えるのはまだ早い。対象者の周囲の人たちが最初から得意だったかを調べます。最初から得意な人がそろっていたとしたら再現性は低いかもしれないけれど、一人でも苦手だったと言う人がいれば、自分も同じように覚えることができます。

加えて、**チーム全体の雰囲気**も大切です。対象者の周囲の人たちがみんな楽しそうに仕事をしているか。雰囲気が悪いグループでは、やはり無理が出てきます。

基準としてわかりやすいのは、メンバーがそのチームに属している期間です。一概には言えませんが、対象者の教えが周囲の人を成長させているのであれば、メンバーは簡単にはそこから離れないはずです。

ただし、ここでも結果だけを見てはいけません。退職や異動が多いのであれば、その原因を探りましょう。独立したり次のステップに進んだりしていて、それをみんなで応援しているなら、最高の環境ですよね。

【STEP13】

ビジネスモデルを分析する

「どこでお金が生まれるか」を知る

前項までは「人」の分析をしました。ここからは、対象者がやっているビジネスについて考えていきます。自分とは違うビジネスをしている人を対象者にしている場合は新しく勉強していくことになりますが、多くの場合は、自分が今やっている仕事とイコールになると思います。

そんなに難しい分析は必要ありません。ざっくりとした流れを掴んでおけば大丈夫です。

まずは、**お金の流れ**についてです。

会社にどれだけの売り上げが必要で、そのお金がどう使われ、社員にどう流れていくのか。起業家や経営者であればしっかり理解することが必要ですが、細かく見ていくとキリがありません。**初期段階では「どこで利益が発生するのか」を見ていきましょう。**

多くのビジネスは、仕入れて売ることで利益を得ています。モノを売るビジネスではなくても、原価をかけて商品を用意しています。その過程のなかで把握しておかなければいけないのは、どこで自分にお金が入るかです。

会社員の場合、実際にお金がもらえるのは給料日ですね。そうではなくて、利益の発生が確定する瞬間です。例えばこの本なら、読んでくれる人が本をレジに持っていって、お金を払った瞬間。あるいはＥＣで購入を確定した瞬間です。そこで出版社の利益が確定するわけです。

セールスもマーケティングも商品開発も、ビジネスを構成するすべての要素が、ここを目標にして成り立っています。簡単なことのようですが、知らない人が多い。ユーチューバーになりたいという人はたくさんいますが、YouTube 投稿でどのようにお金が生まれるのか。それすら知らない人も多いと思います。

利益発生のためには
どんな条件が必要なのか

利益発生のポイントがわかったら、**その状況が成立するためには何が必要なのか**を探ります。自分がセールスマンだったとしたら、顧客がいて、商品が売れれば利益が発生します。その状況になるためには、どんな過程があるのかです。

お客さんは何を見て、あるいは誰に紹介されて、自分の話を聞いてくれているのか。それがわからなければ、お客さんを増やす方法がわかりません。お客さんが自分の売っている商品にどんなニーズを感じてくれているのかもわかりません。

商品がどこでつくられているのかも重要です。この商品はどういう発想で、誰がつくっているのか。それがわからなければ、商品の売りどころもわかりません。

さらに、そこからどういう経緯で自分の手元にきているのか。同じ商品を売っていても、間に卸や代理店が入ることで、自分たちの売価は変わります。間に人が入るほど利益は減っていく。それなのに、自分たちより安く売っている会社もある。どうやって源流に近づいていくか、仕入れ値を下げることができるか、こうしたことも、大枠を知らないとわからないわけです。

ビジネスの構造の中で自分がいる場所

次に、**ビジネスの構造**を見ていきます。これも複雑なことは必要ありません。一人でできるビジネスなのか、複数人必要なのか。単に人数がそろえば成り立つビジネスなのか、特殊な技術が必要なのか。その技術は外注できるものなのか。

誰がトップにいて、そこからどう組織体制が整えられているのか。部長、課長といった断層はどのように分けられているのか。仕事はどのように振り分けられて、現場の社員は何をしているのか。

そしてその中で、自分は今どの立場を担っているのか、これから先に担っていくことになるのか。組織体制の中の上のポジションにいくためには、何が必要なのか。自分が上り詰めたときに、今そのポジションにいる人と同じことができるのか。

こうした視点で自分の仕事を考えたとき、意外と説明しきれないこともあるのではないでしょうか。特に会社員の場合、**自分のしている仕事がビジネスモデル全体の中で、どんなポジションにあるのかを知らない人も多い**と思います。ここをしっかりと分析しましょう。

【STEP14】

自分のいる「業界」を分析する

時流を読んで勝ち馬に乗る

対象者のしているビジネスを分析したら、次はその市場を見ていきます。

1つは、**ビジネスの需要**についてです。この本を読んでくれているのは、会社員の人が多いと思います。分析の対象者も上司や先輩のケースが多いでしょう。自分たちの会社が存続しているということは、多かれ少なかれ、そのビジネスが成り立つ市場ではあるわけです。それが、これから先どうなっていくかを考えます。

私は大学卒業後、会社員として働く前にパチスロのプロ（スロプロ）として活動していました。スロプロの月収は、下は20万円から、すごい人で50万円くらいです。私は40万円程度まで稼げるようになった段階で撤退しました。業界の中では、ある程度の位置にいたと言っていいと思います。

それなのに、なぜ辞めたのか。ひと言では説明できませんが、最も大きい原因は、業界の将来性の乏しさでした。

以前、パチンコ産業は、年間売り上げが30兆円と言われる市場でした。そこからだんだんと下がってきて、2020年には14・6兆円程度になっています。

こうした業界が、将来的に伸びていくことは考えづらい。市場規模が下がるほど、パチンコ店の経営も厳しくなっていきます。当然、客として稼ぐのは難しくなっていきます。その状況の中でこれまでと同じ金額を稼ぎ続けていくことができたとしても、成長していくのは難しいだろう。だったら深追いは危険だと考えたわけです。

逆に、現在手掛けているIT系の事業、特にEC市場というのは、右肩上がりです。これからもまだまだ伸びていくことが予想されます。

ネットが普及し始めた頃は、パソコンで買い物をするなんて、みんな怖かったわけです。画像と文章でしかわからなく、どんな商品かもわからない。本当に品物が届くかどうかもわからない。しかし、そうした不安とは裏腹に、ECはこれまでずっと普及し続けてきました。今、ネットで買い物をしたことがない人を探すほうが難しいでしょう。

それは、需要の本質をついているからです。自宅にいながら、欲しいものが買える。しかも世界中の商品から選ぶことができて、どこが安いかを比べることまでできる。

EC市場は日本だけを見ても2010年の約7・8兆円から2020年の19・3兆円と、10年で約2・5倍に伸びています。こうした流れに乗ることがすごく大事です。盛り下がっている業界に革命を起こすことができればいいけれど、**勝ち馬に乗ったほうが成功確率は高い**わけです。

ざっくりとした予想、成功確率は上がる

以前、タピオカが流行しました。しかし今からタピオカのお店を始めようとしても、まず儲《もう》かりませんよね。流行のビジネスが伸び続けるかどうかなんて、不確定要素で

しかありません。そんなことさえ考慮せずにお店を出して、うまくいかないと嘆く人はたくさんいます。

自分のビジネスの将来性がどれくらいのものか、考えてみましょう。ただし、将来性を予測するというのは、ビジネスにとって永遠の課題です。専門家たちが研究を重ねて、新しい理論や考え方が次々出てきています。それを私たち個人が真似しようと思っても無理です。

それほど細かな分析は必要ありません。大船に乗るか、泥船に乗るか。自分が勝負する土俵がこれからどうなっていくか、**ざっくりとした予想をするだけで十分**です。

将来性を測るための指標は、簡単に言えば、**顧客数、ユーザー数**です。**過去10年間の推移**を見る。これだけならネットで10分もあればわかります。

もう1つ指標に加えるならば、**商圏の広さ**です。その地域に根差したビジネスであれば、大きな成長は見込めません。しかし歴史があれば安定しているとも言える。あるいは、国内全体に流通できるものなのか、海外もあるのか、ネット上で全世界に広げられるのか、といった視点もあります。

この程度の分析でも、これから先も伸びていく業界かどうかはわかります。もちろんそんなに成長率の高い市場は稀ですし、自分のビジネスが先行き不安だからといって、別のビジネスに乗り換えるのは、また別の危険性があります。しかし、伸びの鈍化や縮小を予測することで、準備はできる。それだけで成功確率はグンと上がります。どんな対策ができるかはSTEP16で紹介します。

【STEP15】
業界の「勢力図」「ライバル」を分析する

自分の勝負できる土俵はどこにあるか

私はビジネスを展開していくうえで、ランチェスター戦略を基本に置いています。本書でランチェスター戦略の理論を詳しく説明はしませんが、簡単に言えば、**「弱者の戦略」**です。

個人や中小企業、新興企業が、大企業や老舗企業とまともに勝負をしても、勝てる可能性はとても低い。弱者が勝つためには、局所的に勝負するしかありません。広い市場の中で、自分の勝てる土俵を知ることが必須です。

自分にとって、成功確率が最も高い場所はどこにあるのか。それを知るために、ここまでのSTEPを含め、まずは自分がしているビジネスの基本的な知識を得ます。会社員であれば自分の分野のことはある程度知っていると思いますが、意外と自分の仕事に詳しくない人もいます。改めて、リサーチしましょう。

そこから、**業界の勢力図**を確認します。ライバル各社のシェアや力関係、どの会社とどの会社が協力関係にあるのか。親会社・子会社、発注・受注の断層。これらは、ネット検索でもわかります。

このように調べてみると、すでに市場が飽和状態で、シェアの10パーセントを100社が取り合うような業界もあります。ただ、それが一概にいけないというわけでもありません。狭くても勝負できる場所を見いだすことができるかもしれない。その可能性を探っていきます。

ビジネスにおいてライバル分析は必須

業界の全体感をつかんだうえで、個別、**具体的にライバルを分析**します。どんなライバルがいて、どれくらいの強さなのかを見ていきます。とはいえ企業の数は膨大です。競争力の弱いところは気にしなくて大丈夫。最大勢力から分析していき、業界シェアとして合計7〜8割分析できたら十分です。

まずは**数字でわかるところから**です。各社の売り上げを見て、それぞれ業界のどれくらいの位置にいるのかを知ります。過去の売り上げ推移を調べれば、どれだけの歴史を持つ会社で、成長期にあるのか、安定期にあるのか、衰退期にあるのかを知ることもできます。

次に**その会社にいる人物**です。トップはどんな人物なのか、どんなキーパーソンがいるのか。彼らは、どのように会社を大きくしていったのか。その会社で働いている人に聞くことができればベストですが、インタビュー記事や著書などでも調べることができます。

他に、**その会社がターゲットとしている顧客層**を調べます。例えば、靴を売るにしても女性用なのか男性用なのか、子供用なのか。女性用であれば、どれくらいの年齢層に向けて売っているのか。同じ分野の商品でも、細かくターゲットがセグメントされていることがわかるはずです。

ビジネスをするうえで、**ライバル分析は必須の過程**です。私は、自分の事業のライバルと思える会社すべての商品を買っています。そこまでするのは難しくても、モノでもサービスでも商品を買って分析するというのは、ビジネスにおいて当たり前のことです。

ライバルや業界に詳しいだけでも価値のあること

最初は、ライバルを分析することに直接的な効果を見いだせないかもしれません。しかし、必ず自分が行動に移るときに重要なファクターになります。

例えば業績の良い会社ほど、そこにいる人もすごいですよね。戦っても勝てる気がしません。しかし、いろいろな会社を見ていると、そうでもないと思える人でも結果を出していることがあります。その要因を分析すれば、自分の活路も見えてきます。

あるいは、ライバルの商品がどんなものかを知れば、自分の商品とどんな違いがあるかがわかる。当然、それを上回る方法も考えることができます。

分析する前には想像していなかったような、市場のスキマを知ることができるかもしれない。前述の靴を売るビジネスであれば、例えば、分析してみたら60歳以上の女性に向けた商品が少なかったということがわかるかもしれません。ターゲットをずらすだけでビジネスが有利になるということは、多々あります。

ライバルを分析し、比較したり共通点を探したりすることで、自分が勝負できる場所がわかります。**業界やライバルに詳しい**というのは、それだけで価値なのです。

【STEP16】
「業界の外」を分析する

すべてのビジネスは影響し合っている

自分の業界やライバルについてある程度把握できたら、さらにその外を知りましょう。**社会全体の中での自分のビジネスの立ち位置を俯瞰《ふかん》**します。

すべてのビジネスは、相互関係にあります。個別に成り立っているということはあり得ません。

例えば私のビジネスの1つに、ECの物販を教える教育事業があります。その周囲には、自分たちで物販を直接行う分野もあります。それらの業界で売る商品をつくっている業界もあれば、その商品にはECとは別の売り先もあります。あるいは、商品の物流や倉庫会社、卸業など、これらすべてが連動しています。

考え方によって対象はどこまでも広がってしまいますが、**隣り合う業界くらいは知っておく**必要があります。自分のビジネスに対して周囲の業界がどのように影響を与えるかを理解することで、ビジネスの安定性を高めることができます。

どんな業界でも必ずどこかで伸びが鈍化する

ＳＴＥＰ14で、ＥＣ業界はこれからまだまだ伸びていくだろう、というお話をしました。ただ、今私がしている事業の中で、ＥＣ物販の「教育事業」、つまりＥＣ物販のノウハウを生徒さんに教えるビジネスに限定して考えると、おそらくあと3年ほどで売り上げの成長が鈍化すると思っています。細かな理由は割愛しますが、これまでの成長度から考えれば、それくらいで停滞期に入ると予想できます。

実際に3年経って、もし成長が止まらないのであれば、それは対外的要因です。例えば、国がＩＴ事業推進のために事業者に支援をする、あるいはＥＣのプラットフォームに大きなイノベーションが興って、消費が爆発的に大きくなる。

しかし、そこで調子に乗って規模拡大に走ってしまうのは危険です。対外的要因は偶然でしかありません。国の支援が止まれば、成長はそこまでです。プラットフォームが変わったとしても、しばらくすれば消費者も慣れます。そのときに図体が大きくなってしまっていれば、身動きも取りづらい。

隣り合う業界にスライドできるように

どんな業界でも、無限に伸びていくということはありません。必ず、どこかで成長が滞るポイントがあります。そのときにどう対応するのかを考えておきます。

選択肢はいくつも考えられますが、失敗確率を下げる意味で言えば、**自分たちの勝負する場所のスライド**です。

前述した、私のEC物販の教育事業を例にお話しします。

これから先、予測どおり売り上げが落ちてきた場合、まず単純に教育事業ではなく物販そのものに注力することができます。物販のノウハウを教えるわけではなく、自分たちが直接行なうことで、利益を得るわけです。

さらに、隣り合う業界である物流や卸にもスライドできます。EC物販の基本は、安く仕入れて高く売ることです。そのために、海外から商品を仕入れることがあります。そこには効率的な交渉法や税関の通し方、商品の物流方法など、業界独自のノウハウがあります。

日本国内でEC物販を行なっている人や起業はたくさんありますが、海外からの仕入れのノウハウを持っている人は多いとは言えません。仕入れから倉庫への物流を私たちが代行すれば、ビジネスとして成り立ちます。

このように、**あるビジネスに精通して原理原則を学べば、近しい業界にスライドしやすい**と言えます。ノウハウも応用しやすいし、リソースも生かしやすいわけです。

しかし、業界が縮小してからスライドしようとしても、うまくいきません。どんな市場にもライバルはいます。小手先の変化でやっていけるほど、ビジネスは簡単なものではありません。自分の立ち位置や周囲に付随するものを理解していなければ、単なるギャンブルになってしまいます。

どんなことに自分のビジネスが影響を受けていて、それぞれがどんな関係性になっているか。それがわかってないと、予想がつかないし、準備ができません。そうして実際にビジネスがしぼんでから動いても、取り残されてしまう。**「もし自分の業界がシュリンクしてきたら、どこに活路が見いだせるか」**という視点を、常に持つようにしましょう。

第3章

真似する力

#「真似」の心得

まずはそのままトレースする

ビジネスを始めようとするとき、あるいは今の仕事で結果を出したいとき、最短の道は、**対象者をそのままトレースする**ことです。

「守破離」という言葉をご存じだろうか。

「守破離」とは、剣道や茶道などで、修業における段階を示したもの。「守」は、師や流派の教え、型、技を忠実に守り、確実に身につける段階。「破」は、他の師や流派の教えについても考え、良いものを取り入れ、心技を発展させる段階。「離」は、一つの流派から離れ、独自の新しいものを生み出し確立させる段階。――『デジタル大辞泉』

「守破離」というように、**型を覚えてから、自分なりのやり方をする**。それが一番成功確率の高いやり方です。だからこそ、上司や先輩は「こうやれ」と自分のやり方を教えてくれるのです。

仕事のできない人に限って、このことを「押し付け」だと考えます。言われたことを、そのままやりません。先輩や上司に比べて経験も実績も浅いのに、「あの人のやり方は間違っている」と自分のやり方でやろうとする。

もちろん、対象者のトレースが最短ルートだとは限りません。他にも効率的で大きな結果の出せるやり方がどこかにあるでしょう。しかし、それを探すことは現実的には不可能です。少なくとも、自分より大きな結果を出した人がいる。であれば、**やみくもにやるより、それを真似したほうが確実**です。

「パクる」と「真似る」は違う

「TTP（徹底的にパクる）」という言葉があります。実際の行動としては同じようにやれば問題ないのですが、猿真似をしても意味はありません。**対象者のやり方を自分のものにして、その先で自分だけのオリジナリティを発揮するために、「真似」のフェーズを踏む**のです。

何も考えることなく、うまくいっている人やビジネスをそのままパクれば、目先の結果は出ると思います、なぜなら、うまくいっているということは、消費者のニーズをとらえているものだからです。

しかしそれでは、すでに限られたパイを取り合っているところに自分も参加することになるわけです。その先がありません。

例えば、新しい市場や流行のビジネスが出てくると、それをそのままパクる人たちが出てきます。2番手、3番手まではまだ先行者利益があるけれど、あとになれば手に入るモノも少ない。前のSTEPでも触れましたが、今からタピオカのお店をやろうとしても無理な話です。

それに、タピオカを最初にはやらせた人たちは、しっかりとした計算のうえに展開しているはずです。消費者ニーズの掴み方や短期的な店舗展開の方法を知っているから、別の商売に移っていくことができます。

一方で、ただ真似るだけでは、なぜその市場が成り立っているかを知らないから、スライドもできない。これは個人でも同じです。先輩と同じやり方をそのまま真似ても、同じことしかできません。その先輩も同じところにとどまっているわけではなく、常に先へと進んでいます。その土台となることを理解していなければ、自分もその先に進んでいくことはできないわけです。

オリジナリティを発揮するための準備期間

「真似」のフェーズでは、**対象者がしている仕事の一つひとつがどのように影響し合い、結果につながっているのかを見極めていきます**。その過程で、再現するためには絶対に外してはいけない要素や、代替可能な要素がわかります。

同時に、自分なりのやり方も見えてきます。まずはそのまま真似することが大事ですが、「こうしたらもっと良くなるな」「自分だったらこうやるのにな」ということが出てくる。そうした**「自分なりのやり方」をストックしておく**ことがとても大事です。対象者の仕事をひととおり真似できるようになってから、必要ないと感じる工程を削ったり、自分なりにアレンジしたりする。そこからオリジナリティが育っていきます。

また、再現性を高めるためには、ゆっくりやっていてもいけません。**限られた時間の中での、しっかりとした行動計画が必要**です。それから、行動に移るときには感情面での問題も増えてきます。チャレンジが怖い、苦手なことに不安を感じる。そうした面をポジティブにとらえ直していかなければいけません。これらについても、本章でお話しししていきます。

「真似」のフェーズは、いずれ自分だけのオリジナリティを発揮するための準備期間です。そして、そこでやるべきことは、真似の対象者が教えてくれる。遠回りのようですが、こんなに確実かつ効率的な方法はありません。ポジティブに進んでいきましょう。

【STEP17】
仕事を「パーツ」に分解する

対象者がしていることを細かく分解する

対象者がしている仕事を、そのまま真似する。そのためには、**仕事を「パーツ」に分けて考える**ことが必要です。全体をざっくりととらえているだけでは、細部が抜け落ちてしまいます。

カレーを食べて「おいしいな」「そうでもないな」と考えているだけでは、真似はできないですよね。まず、材料を知らなければいけません。そこから作り方を見ていくことになります。肉を炒めて野菜を入れて、水を足してルウを溶かす。**一つひとつの要素に分解して、整理**していきます。

例えば、先輩のセールスを真似するとします。何かを売るという仕事を見ても、アポイント、資料作成、セールストーク、クロージング、アフターフォローなど、たくさんの過程があります。

それを分解していくことで、**「なぜこのやり方でこの結果が生まれているのか」**という因果関係が見えてきます。仕事の結果は、単独に存在しているわけではありません。あるパーツが結果に直結しているわけでもない。中には、よく見れば結果に影響しないパーツもあるかもしれません。そうした仕組みを知ることが大事です。

仕事をパーツに分けることの大切さは、例えば事業の立ち上げなど、より広い範囲でも同様です。起業から安定期に入るまでに、認知拡大、集客への注力、リピーター獲得、新商品の開発と進んでいくのであれば、それぞれに分解したうえで、さらに一つひとつの工程をパーツに分けていく。徹底して分解・整理していきます。

自分が〝つまずくべき場所〟を知る

仕事をパーツに分けてとらえることの目的は、**対象者と同じことをできるようになる**というのが、まず1つ。再現するうえで何かが足りないとか、違うものが入ってしまうということは起きないようになります。

そしてもう1つ。**それぞれのパーツが、自分でもできることかを判断する**という目的があります。対象者がしている仕事を分解したら、1から10までのパーツがあったとします。そのうち、4が自分のできないことだった。それを理解することで、実際に真似したときに自分が〝つまずくべき場所〟がわかります。

初めて一人暮らしをするとき、実家から持っていくことができるものと、そうではないものがありますよね。自分の部屋にあるテレビやベッドは使えますが、家族みんなが使っている冷蔵庫や洗濯機を持っていくわけにはいきません。

ビジネスをする際に、冷蔵庫と洗濯機と電子レンジが必要になったとします。それがもし自分の貯金では買えないものだったら、真似できません。**自分が持っている技術やリソースと、パーツを再現するために必要な要素の差異**を、事前に知っておかなければいけないわけです。

モノやお金はわかりやすいけれど、抜けがちなのが人材の視点です。「自分の他に人がいないとできない」というパーツがある場合、実際にはまだいない人を計算に入れるのは危険です。行動に移る前に、いったん立ち止まるべきです。

それから**時間を基準に判断する**ことも大事です。1つのパーツをクリアするためには、1日10時間かかるとします。今の生活の中で、どうしてもその時間を確保できないのであれば、計算に入れてはいけません。

すぐ真似できるパーツを探す

注意しなければいけないのは、できるかできないかを考えているだけでは、いつまで経っても行動に移れないということです。**仕事の結果はスピードとクオリティの掛け算**です。クオリティのために「分析」はとても大事なフェーズですが、**行動のスピードも必要**です。

パーツ分解と並行して、各パーツを実際にやってみましょう。まずはすぐに真似のできることから始めます。先輩が毎朝新聞を読んでいるなら、自分も読んでみる。お客さんへのアプローチに共通点があることがわかれば、同じようにやってみる。こうしたことであれば、今の仕事をしながらでもできるはずです。

とにかく手をつけてみることが大事です。小さな行動に慣れておくことで、大きな挑戦に対するハードルも低くなっていきます。

【STEP18】

〝できない〟の考え方を変える

〝できない〟と〝やりたくない〟は違う

STEP17でお話ししたように、真似しようとしている仕事を細かく分けて、それぞれのパーツを〝できる・できない〟で判断していきます。

ただし、その判断は理由によります。大事なのは、**数字や物理的にとらえられることと、自分の感情とを分けて考えなければいけない**ということです。〝できる・できない〟と〝やりたい・やりたくない〟とは違います。

例えば、大学受験のために1日8時間勉強しなければいけないとします。「面倒くさいな」と思いますよね。でも、8時間勉強しないといけない事実と、面倒くさいという感情は別の問題です。パーツを再現する基準が時間なのであれば、時間を確保できれば〝できる〟という判断になるわけです。

一方で、貯金が100万円しかないのに現金が1000万円必要というのであれば、どれだけ頑張っても無理ですよね。絶対的に無理なものと、努力改善すればできるものに分けて考えなければいけません。

どんな人にも、得意があれば苦手もあります。そしてその苦手には、〝やった苦手〟と〝やっていない苦手〟があります。やったけれどできないことは、仕方ないかもしれません。上手な話し方ができるようにしようと何人もの人と話したけれど、うまくいかない。それは受け入れるしかありません。

仮に絶対できない、あるいはしたくないパーツが入っていて、それが不可欠であれば、「真似」には進まないようにしましょう。肝となるところが真似しづらかったら、成功も小さくなってしまう。自分の適性に合っていることが大事です。

しかし、実際にはそんなケースは稀だと思います。ビジネスに必要な行動を分解していくと、その一つひとつはそれほど難しいことではありません。メジャーリーグに行ってホームランを打ってこいというわけではない。多くの人が苦手と考えていることは、やっていないか、ちょっとやっただけであきらめていること、これは克服することができます。

得意不得意を知ることは大事

苦手だと思えることでも、たいていのことはやっているうちに身についていく。ただし、自分が１００点を取れるパーツなのか、70点なのか60点なのかを知っておくことは大事です。

できないことはないけれど、対象者と比べて時間がかかったり、質が悪くなったりするかもしれません。それを知っておくことで、事前に対象者に比べたら時間がかかるかもしれない、という推測ができます。

そして、各パーツで何点取れるかを知っておくことで、自分の強みと弱みが見えてきます。人それぞれに能力は違います。力は強いけれど足は遅い。頭は切れるけれど体力がない。どんな場合でも、当然長所を伸ばしたほうが結果は出やすい。

例えば、営業の仕事でたくさんの人にアプローチして契約数を上げる、あるいは少ない人数に注力することで契約率を上げる。それぞれ注力するところが違います。どんな仕事のやり方が自分の強みを生かせるかを知るためにも、仕事をパーツに分けて、何点を取れるかを見ていきましょう。

仕事には、嫌いなポイントがあって当たり前

「仕事を好きになり過ぎたらダメだよ」

以前、ある大学教授に言われた言葉です。仕事には嫌いなポイントがなければいけない。**本当に全部好きだけでやってしまうと利益を問わなくなり、仕事として成り立たなくなってしまう**。そういう意味で理解しています。

仮に趣味の延長で始めた仕事であっても、クレームが発生したり、人間関係のトラブルがあったりします。おもしろいパーツだけではなく、関係者への連絡や事務作業といった、やらなければいけないこともあります。「仕事が楽しい」と言う人は、そ

うしたネガティブな面も含めて、仕事全体を楽しいと感じているわけです。

仕事には、必ず嫌な部分があります。苦手な部分もあります。そもそも仕事を楽しいと感じていない人もいるでしょう。しかし、**結果さえ出していけば、必ず好きになっていきます**。その中にはちょっと嫌なこともある。それで当たり前なのです。

【STEP19】

再現性を高めるポイントを知る

有名企業出身で成功する人、失敗する人

自分でビジネスをしていると、たくさんの経営者や起業家と出会います。最近は、某有名企業出身の人が、独立して成功している姿が目立ちます。「さすがにあの会社の出身だな」と感じることもしばしばですが、一方で、同じ会社の出身でも失敗している人もたくさんいます。そうした人たちは表に出てこないので、「あの会社出身の人はみんな成功している」というイメージになるのですね。

同じ会社出身なのに、成功する人と失敗する人。この差はどこからくるのか。会社の中で学んだ要素は同じはずです。もともとの能力に違いはあるにしても、同じ会社

の入社試験に合格しているわけですから、それほど大きく変わるとも思えません。

私は、**会社で学んだビジネスの流れの中の、どのパーツの重要度が高いかを知っている**、そして、**会社を離れたときに自分でもそのパーツを再現できる人**が成功しているのだと思います。

特に有名企業で働いている場合、集客やマーケティングなど「会社の看板」によって成り立っているパーツもあります。あるいは、周囲に優秀な人たちがいたからこそ成り立つパーツで、他の人と組んでもうまくいかないということもある。

独立したあとに、会社にいた頃と完全に同じパーツをそろえることはできません。同じように再現できるかどうかもわからない。ビジネス全体を見れば再現性がありそうで、本人にも経験や実績があるのに失敗するケースでは、この見極めが不十分な場合が多いのです。

絶対に外してはいけないパーツはどこにあるか

ビジネスを構築するパーツの中には、それほど重要ではない、ある程度妥協できるパーツがあります。一方で、**再現するためには絶対に外せない、100点でなければいけないもの**があります。

例えば、カレーの有名店で働いていて、独立したいと考える。勉強した味を再現するために、肉は牛肉でも豚肉でも鶏肉でもいい。だけど、じゃがいもは絶対にこの品種でなければダメ、玉ねぎの炒め方はこうでなければならない、というポイントがあるはずです。

外せないパーツの基準としては、まず、**その仕事をするうえで当然必要なもの**です。営業であれば、相手に不快感を与えない外見や言葉遣いをすること、商品の知識をしっかり持っておくこと。

仕事で結果を出す人は、そうした平均点を押さえたうえで、どこかで必ず人とは違うことをしています。例えば、新規顧客獲得のために、電話でのアポ取りに1日3時間を費やしている。あるいはリピート率を高めるために、契約した顧客には必ず手紙を書いている。その仕事に当然必要なことを備えているということを前提に、人とは違うことをしている。それが真似をするうえでの外せないパーツになります。

自分なりのアレンジ方法を探る

人それぞれに、リソースや能力には違いがあります。まずは対象者をそのまま「真似」することが大事ですが、まったく同じようにすることはできません。また、このあとの「拡大」のフェーズでは、真似をしたビジネスに自分の強みを加えて広げていくことになります。どちらの場合も、**「外してはいけないパーツ」をしっかりと理解している**ことで成功確率が上がります。

例えば参入障壁は高いけれど、集客さえ押さえておけば勝負できる。広告は重要だからお金をかけなければいけないけれど、それ以外でコストを下げることができる、といった判断ができるようになる。あるいは、最初の頃は絶対に手を抜いてはいけくないけれど、波に乗ってきたら人に任せることもできる、ということも見えてきます。

また、外せないポイントを知っておくことで、危険を避けることができます。そのパーツが今の自分にはできないことだったり、他者に依存したことだったりすれば、そのまま真似をするのは危ない。それを知ってさえいれば、クリアするための勉強をしたり、自分の代わりに再現できる人を探したりすることができます。

ビジネスをパーツに分解していくと、だいたいのパーツを再現するのには特別な能力や技術は必要でないことがわかります。しかし、その中で絶対に外してはいけないものがある。**すべてのパーツは等価値ではなく、優先順位が決められている**のです。

【STEP20】

各パーツの因果関係を読み解く

パーツとパーツの関係性を逆引きする

対象者がしている仕事をパーツに分解し、**自分の向き・不向き**、**重要度**などを分析したら、**各パーツの因果関係**を、より深く見ていきます。

ここでは2つの視点でお話しします。1つ目の視点は**「逆引き」**です。

「思考が言葉になり、言葉が行動になり、行動が習慣になる」という言葉があります。

例えば対象者がどんな思考を裏付けに行動に移し、それがどんな習慣になっているかを知ったとします。それはそれで意味のあることでもありますが、それだけでは不十分です。順番どおりに考えていても、自分のものにはなりません。なぜなら、自分でその結びつきを考えていないからです。クックパッドを見て料理ができても、しばらくするとやり方を忘れてしまうのと同じです。

これを逆に考えてみます。成功者にはこんな習慣がある、それはこんな行動を繰り返しているということだ。ではなぜ、こんな行動をしているのか。それは、こうした思考によるものだからだろう。自分で仮説を立てながら逆引きしていくことで、それぞれの過程をより深く理解することができます。

こうした視点が、対象者の仕事を分析するうえでも役立ちます。例えば、ある先輩の給料が高いとします。なぜその結果が出ているのかを探っていったら売り上げ目標の達成率が高かった。どのように売り上げを上げているのだろうと見ていくと、「リピーター率」がとても多いとわかった。そこで、じゃあ自分も既存顧客へのアプローチを増やそうというのでは、考えが足りない。さらにさかのぼっていくことで、見えるものがあります。**問いと仮説を繰り返していきます**。

なぜ売り上げが高いのか↓既存顧客の売り上げが多い↓なぜ既存顧客を優先しているのか↓そのほうがアプローチしやすいからだろう↓でも、契約数が少なくても単価の高い新規顧客にアプローチするやり方もあるはずだ。なぜそうしないのだろう↓売っている商品が定期的に買い替えの必要のあるもので、そのサイクルを押さえておけば、全体的に売り上げが安定するということかもしれない。

そうした仮説を立てたうえで、実際に対象者に聞いてみます。当たっているところもあれば、外れているところもあります。間違っていたところは、再度仮説を立てていく。この繰り返しで、各パーツの因果関係が、より確実なものになっていきます。

仕事の流れに沿ってフローを組む

「フロー」、つまり**仕事の順番**です。といってもそんなに難しいことではありません。仕事の順番に沿って、パーツを並べるだけです。エクセルやスプレッドシートであれば組み換えが簡単でやりやすいと思いますが、ノートなどでもかまいません。

真似の段階では、対象がやっている順番をそのままなぞることになるので、パーツに分解することと、それらをフローに組むことは、ほぼイコールになります。しかし、自分でフローに組んでみることで、各パーツのつながりをはっきりと認識することができます。仕事の流れを時間軸でとらえることで、これまで見えていなかった因果関係が見えてくるといったこともあります。

例えば、〝仕込み〟の順番です。単純に考えれば、もっとあとでもいいはずのパーツが前半にある。であれば、先を見越したうえでの準備かもしれません。対象者にはこの段階でやっておいたほうがいいという経験値があるわけです。

それに、人の仕事の順番はバラバラです。対象者の仕事をパーツに分けてフローに組む中で、「効率が悪いな」と思えることや、自分だったらこっちのやり方が合うなというところがあると思います。真似の段階では、まずはそのとおりにやることが大事ですが、「自分だったらこうするな」という感覚は大切にしましょう。

のちに、自分で仕事を組む段階になったときに、そうした問題点を改善していきます。**フローを自分に合わせて加工する**ことで、より強みを生かし、効率的な仕事ができるようになります。

これからやろうとしている仕事をパーツに分けてフローに組むという作業は、「真似」のフェーズを離れて自分なりのやり方で仕事を展開していくときや、自分でビジネスをしていくときにも必ず行なってください。どちらかというと、真似よりは「拡大」のフェーズでこそ大事。ここではそのやり方を覚えるイメージです。

【STEP21】

時間軸を基準に行動計画を立てる

積み上げ方式ではうまくいかない

私は、主に女性向けの起業支援の事業もしています。

ある生徒さんは、「年収1000万円稼ぎたい」と入会してくれました。そこでいろいろなノウハウを教えていくわけですが、その1つにSNSの発信がありました。彼女はそれを聞いて、「とりあえずツイッターをやっていれば、いずれ100万円稼げる」と考えてしまいました。

これは大きな間違いです。大事なのはツイッターをやることではなく、1000万円を稼ぐことです。そこまでの道のりには、さまざまなパーツがあります。ツイッターをやっていれば、フォロワーが増えていく。そうすれば売り上げも増えていくだろう。どんなことでも同様ですが、**目標からの逆算をしない「積み上げ方式」ではうまくいきません**。

彼女に「ツイッターで、どれだけのフォロワーができたときに、どう動けばいい？」と聞けば、やはり明確には考えていませんでした。ちゃんと自分が稼ぎたい目標があって、そこに向かって**自分の行動を取捨選択していく**ことが必要です。

ビジネスのスピードは自分の行動量次第

分解した各パーツをフローに組めたら、次は行動計画を立てていきます。1から10までのパーツが、スタートからゴールまでの時間軸のどこにあるかを考えましょう。

そのために、まず必要なのが**目標**です。100万円を稼げるようになるために、あるいは先輩と同じ成果を出すために、これだけの**パーツ**がある。それを**フロー**に組んで**逆算**すれば、今日やることがわかります。

では、どのように時間軸を判断していくか。仮に全体で100の時間がかかるとして、自分が1日にできるのが1だったとします。では100日必要だという考え方ではうまくいきません。そこをはき違える人はとても多い。

1つのパーツをクリアするのにどれくらいの時間がかかるのか、ということはある程度決まっています。得意不得意はあるにせよ、自分がする場合にはどれだけの時間がかかるかは決まっているわけです。

しかし、**「1日にどれくらいやるのか」は変えることができます**。つまり、行動計画をどれくらいの速さで進めていくかは、自分の行動量次第。やはり、それなりの時間をかけなければいけません。

では、自分ができる最大限の時間を使って頑張っていればいいのかといえば、それも違います。それでは「計画」にはなっていない。積み上げ方式と同じです。どれだけの時間にどこまでたどり着くのか、といった計算が必要です。

「1年」で真似できるか

実際に真似をするときにわかりやすいのが、**「初動」の速さ**です。ひととおりのことをクリアするまでに、どれだけの時間がかかるか。

例えばある人が5年かけてやってきたことを、自分も同じように5年間かけてやるというのでは、不確定要素が多くなり過ぎます。これは真似のあとの「拡大」の段階でも同じです。長いスパンでの計画は危険です。

時間が長くなると、それだけビジネス環境は変わります。5年も経てば、今前提にしている市場やニーズ、会社の状況などがまったく違うものになってしまいかねません。あるいはテクノロジーの発達によって、やろうとしているビジネスそのものが機械に代替されるかもしれない。

基準は、1年。1年以内に対象者と同じところまでいく。そのために、**どれくらいの行動量が必要か**を、まず考えます。私はたいていのことは、他の人より3倍やれば勝てると思っています。その行動量で行動計画を設定するわけです。

1年で人生のゴールにたどり着けということではありません。STEP26でもお話ししますが、**効率的に成長するためには想像できる目標と想像できない目標が必要**です。まずは近くにある目標をクリアして、そこからさらに次の目標を決めて進んでいく。そのトータルが5年、10年と続いていった結果、大きな目標にたどり着くのであって、最初から10年後の目標へのたどり着き方を考えてもわからない。

自分の持てる最大限の行動量で、かつ計画的に進んでいく。それができれば、いずれ必ず雲の上に手が届くはずです。

【STEP22】
動き出してからの仮説を立てる

最後の10パーセントは、やってみないとわからない

「分析」「真似」の対象者の前提は、結果を出している人でした。その人がやっていることをパーツに分けて、フローを組んだ。当然、そのフローは勝算が高いものであるはずです。しかし、**実際にはやってみないとわからない部分はあります。**どこまで計算しても、**最後の10パーセントはやってみないとわからない。**

不確定要素になりやすいのは、1つは**自分が苦手なこと**です。やってみた結果、想

定より時間がかかるかもしれない。思っていたほどの質でアウトプットできないかもしれない。

それに、人間は機械ではありません。体力的に疲弊したり、病気にかかってしまったりすることもあります。プライベートで何か起きて時間を取られたり、頑張ってはいるけれど精神的にやりきれなかったり、ということもあるかもしれません。

それから、**外的要因**もあります。飲食店をやろうと思っていたら、新型コロナの感染拡大が起きた。そんな人もたくさんいるはずです。昔の話であれば、狂牛病問題のときに焼肉屋を始めようとしていた人もいるでしょう。他にも、会社員であれば会社の方針が急に変わったり、頼りにしていたメーカーがつぶれてしまったり。自分ではどうしようもないことが起きる可能性もあるわけです。

正しい「仮説」の立て方

どこまでいっても、不確定要素はぬぐいきれない。そこで必要になるのが、**「仮説」**です。経験がないことや指標がないことには、仮説を立てるしかありません。言葉のとおり、確実なものではありませんが、これがあるのとないのでは大きく違います。

趣味で釣りをするとします。どこの川がいいか、朝か夕方か、どんなルアーを使えば魚がどう反応するか、頭の中で先読みしますよね。それをせずに行き当たりばったりで頑張っていても勝率は上がらない。その先読みが「仮説」です。

しかし、仕事となると、なぜかそこが抜けてしまう人が多い。会社員の場合、仮説を立てなくてもどうにかなるという側面もあります。よほどのことがなければ、給料が減るわけでもない。会社員として働くにしても独立するにしても、それではこれから先の時代はやっていけません。

常に不確定要素を想定しておく必要があります。例えば、プライベートで突発的なことが起きて、時間が足りなくなるかもしれない。購入を予定していたものが値上がりするかもしれない。スタート時にはいなかったライバルが出現したり、前提としていた市場に変化が起こったりするかもしれません。

何か変化があったときに、対応できる人は強い。考え得る不確定要素への対処方法を、あらかじめ用意しておきます。

ただし、具体的な対処方法を準備するところまではできなくても、想定しておくだけで行動は変わります。不確定要素が起きたときに対応できないのは、みんな想定をしていないがためにパニックになるからです。

常に「最悪」を想定しておく

スタート時だけではなく、常にこれから先の仮説を立てる。それがビジネスを安定させる基本です。ただし、突き詰めていけばキリがありません。

例えば居酒屋をやるときに、「食中毒が発生したらどんなリスクが起こるのだろう」というのは、想定すべきです。しかし、「また新しい感染症が発生するかも」といったところまで想定しても仕方ない。仮説を立ててばかりいて行動に移らないのでは、現実はいつまで経っても変わりません。

ではどこまで仮説を立てるのか。**基準としては、行動の結果の「最悪」を常に想定しておく**ことです。

私が起業した際、3カ月分くらいの生活費を残して、残りは借金をして自己投資していました。この場合、想定し得る「最悪」は、ずっとお金が稼げないことです。もし収入がないまま3カ月が経って、そこでダメだったからと就職活動をしても、すぐにお金は入りません。そのため、2カ月で収入がゼロならやめようと思っていました。その段階まで必死にやって、結果が出ないなら仕方ありません。

最悪の結果を想定しておくことで、もしそうなった場合にも次の行動に移ることができます。あらかじめ準備しておくことで、精神的にも余裕を持って対応できる。すべての不確定要素が「想定内」になるのです。

【STEP23】

成功をイメージできたら始める

成功している自分の姿を描けるか

フローを立てて、時間軸で考える。最悪な状況の仮説を立てる。そこで**最終的にスタートするかどうかの判断は、成功をイメージできるかどうか**です。実際に自分がやっている姿を想像して、「いける!」と思えるか。

例えば先輩の仕事を真似するという程度であれば、始めるかどうかに迷うことはないはずです。とりあえずやってみて、ダメならまた考えればいい。しかし、そうした場合も「イメージ」は大事にしてください。成功している自分をイメージできるということは、そこまでの過程を明確に描けているということです。パーツ分解をしてフローを組んだ結果、これからやろうとしているビジネスに対する解像度が上がっている証拠です。

「イメージ」というと抽象的なようですが、ここまでの過程があってこそだと考えてください。最初からやれるかどうかを考えても意味はありません。真似の対象となる仕事がどんなパーツの組み合わせでできていて、一つひとつのパーツが自分の得意なことか苦手なことかもわかっている。パーツを再現するためにどれだけの時間が必要かも理解している。そして、自分でもクリアできる計算になっている。すべて細かく考えたうえで、最後は自分の主観です。

真似のために決定的に必要なパーツを自分が再現できることがわかっていて、他の90パーセントが不安でも、イメージできるならやる。逆に90パーセント大丈夫でも、しっくりこないならまだそのときではありません。分析が足りないのかもしれない。時間軸の考え方が間違っているのかもしれない。**一度立ち止まって、ここまでのステップを改めて見直してみてください。**

頭はスマートに、やることは泥臭く

スタートを決めたなら、あとはやってみるだけです。思ったとおりにはいかないかもしれない。想像もしていない難局が訪れるかもしれない。でも、いくら考えていても人生は変わりません。

ビジネスの法則性を知ることや仮説を立てることは大事だけれど、そこで頭でっかちになってしまっては意味がありません。本書ではたくさんのページを使って「観察」「分析」と説明してきましたが、実際の時間軸で言えば、**実際の行動に移ってからのほうが圧倒的に長くなります**。

結局は、行動しなければ現実は変わりません。たった1つの挑戦で人生がすべて変わるわけでもありません。ここまでの観察や分析にかけたコストを無駄にしないためにも、**行動に移ってからは1円も1時間もおろそかにしない意識**が必要です。

とにかく行動量を増やしていく。英単語の語源を知るよりも、ノートに20回書いたほうが早く覚えられます。日常生活の中で、常に自分に「今、自分はこれをしなきゃダメなんだ」と言い聞かせましょう。頭はスマートに、やることは泥臭く。各パーツの因果関係や作業の効率化を頭で理解しながら、常に手と足を動かしていく。**結局、がむしゃらにやれる人が勝つ**のです。

動き出してしまえば人生は変わる

私は起業の際、東京に向かう夜行バスの中で、「この3カ月間、必死でやろう」と決めました。ここで一生分の努力をする。**「ここまでやってダメならあきらめがつく」というところまでやろう。**

そうして実際にスタートしてみて、大変な時間ではありましたが、事前に想像していたほどたいしたことではありませんでした。「案ずるより産むがやすし」という経験は、誰にでもあるのではないでしょうか。

そうしてビジネスが安定してきた現在、仕事量で言えば、起業当初より今のほうが圧倒的に多いと思います。しかし、精神的につらいということはありません。「努力しなきゃ」と自分に言い聞かせることもない。仕事にのめり込むことが当然で、自然と動けていきます。結果が出れば、仕事はどんどん楽しいものになっていくのです。

今、この本を読んでいるときから3カ月前を思い出してみてください。それほど昔のことではありませんよね。同じ期間だけ必死に頑張ればいい。それだけで、人生は変わります。

【STEP24】
自分の〝感情〟と〝行動〟を分けて考える

自分の感情に仮説を立てる

会社を辞める。自分で仕事をする。計算上、そのほうが収入も高くなる。パーツ分解してフローを立てたら、できる可能性が高い。

論理的にはそう理解できていても、感情は違います。成功をイメージできないときは、感情が追い付いていない場合が多い。人は感情で動く生き物です。どれだけ理屈で納得していても、感情が伴わなければ計画どおりの行動はできません。

その意味で、**自分の感情に仮説を立てる**ことも大事です。どんなときに、自分の気持ちがどう変化するかを、予測しておく。

苦手なパーツに取り組むときには、きっと面倒に感じるでしょうし、不安に思うでしょう。それがわかっていれば、時間を多く取ることもできますし、気分転換の時間を組み込んでおくこともできる。あるいは得意なパーツで、楽しくなり過ぎて詰めが甘くなってしまうかもしれません。であれば、「このパーツをするときには、ケアレスミスが起きないように」と注意することができます。

ある程度、**行動が感情に影響を受けてしまうことは仕方のない**ことだとも言えます。しかしそれをシミュレートしておくことで、冷静に行動できるようになります。自分の心の動きも、「計画」に組み入れておきましょう。

恐怖に対する準備

自分でビジネスをするうえで、一番向き合わなければいけない感情は、多くの人にとって「恐怖」だと思います。やったことのないことをやる場合には、どうしても恐怖を感じるものです。

初めて遊園地に行く人がジェットコースターに乗るのは、とても怖いはず。投資したことない人が株を買うのも怖い。転職したことのない人が仕事を辞めるのも怖い。そうしたことを「怖い」で終わらせてしまって、「怖いからやらない」のでは、いつまで経っても結果は出ません。

恐怖が自分の行動にブレーキをかけてくるとき、重要なのは行動と感情を分けて考えることです。

私は起業するとき、YouTube撮影のためにホワイトボードの前で話すということをイメージできませんでした。やったことがないし、カメラに向けて話しかけるということがどうにも恥ずかしく感じました。

でも、感情を抜きにして考えたら、簡単な話です。ビデオカメラとホワイトボードを買って、服装と髪型を整えて、カメラの前で15分ほど話す。これができるかどうかと考えたとき、できないという結論にはならないわけです。

必要なものを買うお金はある。人に見られて恥ずかしくないくらいの服は持っているし、髪型は美容院で切ってもらえばいい。話すことはちょっと難しいかもしれないけれど、話す内容は決めているし、何回か練習すればどうにかなるだろう。だったら、迷っている間にやってしまったほうが早い。そうして実際にやってみれば、たいしたことではありませんでした。

恐怖の正体を可視化する

感情と行動を一緒に考えるから、「やったことがないからできない」という結論になってしまう。人が何かを「できない」と考えている場合、多くはこのパターンに陥っています。冷静に考えれば「やったことがない」はできない理由になっていないのに、恐怖という感情によってそれに気づけません。

恐怖の多くは見えないから起こることです。自分の感情と行動を分けて、何をしなければいけないかを理解する。**ブラックボックスになっているものを、可視化する。**これだけでも多くの恐怖から解放されるはずです。

これから先、長いフローが続くにしても、今やることは1つだけです。そしてビジネスに必要な行動に、それほど特別なことはありません。得意不得意はあるにしても、基本的には誰にでもできることです。

「分析」「真似」の対象者を選ぶのも、パーツ分解も、ずっとそのことを前提にしたうえで、「自分もできる」という判断をしたわけです。であれば、できない理由を探すことのほうが困難なはずです。

【STEP25】

動き出すきっかけを自分でつくる

自分の現状をとらえる勇気

現実を変えたい、幸せになりたいと願うということは、理想と現実にギャップがあるということです。そのギャップは、なぜ生まれているのでしょうか。

今、どんな場所にいようが、自分を取り巻く状況は、これまでの自分の選択と行動の結果です。つまり、理想の世界で生きることができていない原因は、すべて自分にある。それを直視しなければいけません。

「俺は頑張っている」「私にだって長所はある」

それは事実でしょう。しかし、今の現実に満足できていないのであれば、やはり自分の中にギャップの原因を探さなければいけません。

どこまでも客観的に、数字や事実をベースに自分をとらえる勇気が必要です。

私の場合は、起業前、30歳で年収300万円。貯金はゼロでした。そんな状況でも、忙しい毎日です。仕事が忙しいときは、「こうして頑張っていたら将来報われる」と思ってしまいがちです。しかし、仕事を頑張ることと現実を変えることは別。労働を努力ととらえてはいけません。

上司を見れば、自分の将来がわかります。私が働いていた会社では、役員でも年収700万円程度でした。であれば、どれだけ頑張ってもそれ以上にはなりません。客観的に見れば明白な事実であるにもかかわらず、そこに気づかないようにしていたわけです。

仕事帰りの居酒屋で、「俺はこのままじゃ終わらない！」とぼやく人がいます。ストレス発散も大事かもしれませんが、それだけでは仕方がない。どうせ実際にはやらないことを語るのです。ちょっと頑張ってみて、週末にYouTubeで勉強するのも一方通行。学んでいるだけでは何も起きません。

憧れを憧れのままにしていれば、絶対に到達しません。そうして、時間だけが過ぎていく。考える力も体力も落ちていきます。いつか雲の上に届く階段があると思ったら途中に落とし穴があるかもしれません。

よく「10年後を想像しよう」と言いますが、将来を想像しても緊急性がない。今、十分に危ないのではないでしょうか。

「家族のために」と言いながら動けない理由

「行動に移れないのは、結局そこまでの気持ちがないから」という考え方があります。私はこれを真実だと思います。

結婚のためにお金を稼ぎたいのなら恋人の目を見て、パートナーを幸せにしたいならパートナーの目を見て、子供に不自由させたくないなら子供の目を見て、伝えてみてください。「俺、動けないんだよ」「私にはできないんだよ」と。

みんな「結婚したい」「家族を幸せにしたい」と言います。しかし、動けない。あえて厳しい言い方をすれば、結局は相手を愛していないからです。

そして、お金持ちであろうが貧乏であろうが、**行動しない限り、自分の魅力が増すことはありません。**ただでさえ、人は慣れてしまう生き物です。常に成長した自分を見せなければ、魅力を伝えることはできません。成功している人ほど次のチャレンジをしています。だから魅力的に見えるのです。

行動できなければ、知らない間に嫌われていきます。子供に嫌われ、配偶者に嫌われ、上司に、部下に、会社に、社会に嫌われていく。

もちろん、お金がすべてだとは言いません。今の収入で十分幸せにやっていけるのなら、それでいい。どちらが幸せかは自分が決めることです。しかし、少なくともこの本を読んでいる時点で、お金を稼ぎたいと思っているのではないでしょうか。

私の場合、行動に移るきっかけは結婚でした。でもそれは、ある日突然「結婚したいから動こう」と思ったわけではありません。「このままじゃ嫌だ」とずっと考えていたところに火が付いた。もし妻に振られていても、どこかで必ず行動に移していたはずです。

これまでを振り返れば、誰の人生にも転機があったと思います。転職、恋愛、結婚、出産。そのときには、きっかけとなったことがあるはず。そしてきっかけは、自分でもつくることができます。自分が変わりたいと思っていることに、気づいてあげる。そこから人生の変化は始まるのです。

第4章

拡大する力

「拡大」の心得

仕事とは自己表現の場

どんな人も、自分のやりたいことをやるために生きているのだと思います。ただ生存することではなく、**自分の願いを実現する過程を通して幸せを感じる**のが、人間なのではないでしょうか。

そして多くの場合、それは「仕事」という形を取ります。自分でビジネスをするにしても、会社で働くにしても、みんな、仕事を通して達成したいことがある。自分ができることで人の悩みを解決する。社会に価値を創造する。やりたいことの表現のツールとして仕事は存在しています。

そう考えれば、**仕事というのは自己表現の場**になります。社会、個人、会社を対象に自分を表現するのがビジネスです。

そういうと「やりたいことなんてない」と感じる人もいるかもしれません。世の中の圧力によって「やりたいこと」がわからないと言う人は多い。本書は、それを解決するためのものでもあります。

無理にやりたいことを見つける必要はありません、本章で説明していくように、**ビジネスでオリジナリティを発揮していくことで、ビジネスは自己表現の手段に変わります**。難しいことではなく、誰でも必ず持っているものに気づいてあげるだけです。

「オリジナリティ」をもって少数派になる

自分が得意なことで、なるべく多くの価値を生み出す。これがビジネスの本来の形です。自分ができることだから、無理がありません。

ただし、どんなことにも基礎が必要です。初期段階で押さえておかなければいかないこととして、前章までの内容をお話ししてきました。次はそれを広げていく段階です。**自分にしかできないことで、新しい価値をつくり出していきましょう。**

「○○社の△△さん」で仕事ができているうちに「△△さん」として仕事ができるようにならなければいけない。これは独立や起業に限りません。ただ真面目にやっているだけでは評価されません。誰にでもできる仕事は、これからAIに代替されたり、他の人に流れてしまったりします。

成功者は少数派です。市場で勝っているビジネスも少数派。私たちも、マイノリティにならなければいけません。しかし、第1章で説明したように、単に変わっているだけではどうしようもありません。何をもって少数派となるのか、それが「オリジナリティ」です。

「他者との違い」が強みに変わる

オリジナリティ構築のカギは、**自分の「強み」を知る**ことです。強みとは、自分が思っているだけではダメで、他人の評価や実績と一致しなければいけません。「これが得意だ！」と言っていても、それが**客観的に評価されるものでなければ意味がない**

わけです。

自分の強みは手のきれいさだと思っている。しかし周囲は顔だと言っている。この場合、手のきれいさで世の中と勝負しても勝てません。自分の強みを知っていれば、仕組みの中にあてはめやすいわけです。

ただ、その強みがなかなか見つからない人もいます。まずは冷静に自分自身を見つめる。強み弱みと考えるのではなく、自分を深く知ること。そこから他者との違いが見えてきます。その違いは、一見ネガティブなものに思えるかもしれません。しかし、「他者との違い」は必ず強みに変えていくことができます。

そして、何より大事なのは、**その強みを生かす道が、自分の価値観に沿っているものであること**です。正確に言えば、自分の価値観の上にしか、強みは生まれません。自分の価値観を基準に強みを生かすこと、これがオリジナリティです。オリジナリティを拡大していくことで、自分らしいやり方で、自己表現できるようになる。そしてそれがビジネスの結果にもついてきます。

自分の強みや価値観、行動指針は自己分析と、これまでのストーリーを振り返ることで見えてきます。本章では、そのことをお話ししていきます。

【STEP26】

「2つの目標」を設定する

ゴールを〝想像できる目標〟と〝想像できない目標〟

私は人生を変えようと決意したとき、「将来、年収1億円を稼ぎたい」と考えました。なぜ1億円なのかといえば、特に根拠はありません。人生の覚悟を決めて、脱サラしてまでチャレンジするなら、1億円に届かなければ意味がない、といった感覚で決めました。

しかし、当初はその目標にたどり着くまでの道のりがまったく見えませんでした。これから勉強して医者になる、弁護士になる。それも無謀です。しかし、起業であれば可能性はあるだろうと考えました。では、起業するにはどんなことを学べばいいのだろうかということで、メンターを探したわけです。

ひと口に「目標」と言ってもいろいろ考えられます。どんな目標に向かっていくのかは人それぞれ。それで問題ありませんが、基準として、ゴールまでの道のりを〝想像できる目標〟と〝想像できない目標〟、この2つを持つことが大事です。

例えば年収300万円の人が500万円を目指す。これは頑張らないといけないけれど、その過程にどんなことが必要かは、ある程度イメージできると思います。

しかし、500万円だけを目標にしてしまうと、そこをクリアできた時点で終わってしまいます。500万円で満足ならそれでいいですが、実際にはもっと上を目指したいはずです。

一方で、「いつか年収1億円」と考えるとイメージできないですよね。何をやればいいのかわからず、夢物語として終わってしまいかねません。

雲の上にある目標に到達するためのステップとして、**想像できる目標を考える。その先に「いつか届きたい」目標を掲げる。**この順番が大事です。

〝積み上げ方式〟はうまくいかない

ＳＴＥＰ21でも触れたように、〝積み上げ方式〟で考えるとうまくいきません。「今日、これができた。だから明日はこれをしよう」というのでは、どんな結果になるのかわからない。必ず、先に目標を決めて、そこにたどり着くためにはどうすればいいかを逆算しなければいけません。

2つの目標を立てることが積み上げ方式とどう違うのか、と思うかもしれません。つまり、まず５００万円を目指して、そこから次の目標を決めればいいではないか、ということです。

確かにそれでもいいように思えるのですが、考えなければいけないのは、５００万円が最大のビジネスモデルもあるということです。

山のずっと上のほうに「1億円」というステージがある。高過ぎて見えないけれど、その山の大きさは決まっています。その下に、１０００万円、５００万円のステージがあって、そこへの梯子《はしご》はたくさんかかっている。そうした山を選択できれば、５０

0万円にたどり着いたときに、さらにその上を目指せます。

しかし、500万円だけを見ていると、そこが山の頂上かもしれません。1億円を稼ぎたいのであれば、1億円の大きさの山を登らなければいけないわけです。

自分が登ろうとしている山の大きさを知る

自分が登ろうとしている山がどれほどの大きさなのか。もちろん正確には登ってみなければわかりません。

基準は、前例があるかどうかです。将来年収1億にたどり着きたいのであれば、同じ仕事や業種で実際に1億円を稼いでいる人がいるかどうか。そうした情報であれば、ネット検索や周囲の人を見ればわかると思います。

私が会社員をしていた頃、役職のついた上司でも、年収は700万円ほどでした。ここでどれだけ頑張っても、1億円には届かないことがわかります。

では自分でビジネスをしようとして、ウェブライターになったとします。もちろん中には1億円稼ぐ人もいるでしょう。しかし、語弊があるかもしれませんが、「1億円にたどり着くために登るべき山」かと考えれば、違うことがわかると思います。

どんなことでも、モデルケースがないと現実化は難しい。本書で「分析」「真似」をすすめるのもその理由です。前例のないことを成し遂げることは、一部の人にしかできません。私たちはそれとは違う道を選ぶべきです。

【STEP27】

「得意」「好き」を強みに変える

〝平均点以上〟で十分

どんな人にも「強み」と「弱み」があります。当然ですが、弱みを伸ばそうとするよりも、強みを生かして戦ったほうが楽です。

何を自分の強みととらえるのかはいろいろな視点で考えられますが、まずは単純に**「得意なこと」**です。しかし、「得意なことは何ですか？」と聞かれたときに、答えられない人は多い。それは「得意」のハードルを必要以上に上げているからです。

東大を卒業しているのに、「自分は頭がいいわけではありません」と言うような人も結構います。謙遜《けんそん》かと思えば、聞いてみると本心で言っている。「東大の中ではトップにはなれなかったから」「社会に出たら自分より頭の良い人がたくさんいるから」という理由です。客観的に見れば、立派な強みですよね。

名門大学に入るようなレベルではなくても、例えばクラス平均が60点のテストで70点取れたという程度でも、十分に「得意」と言えます。

スポーツもわかりやすい。小学校のときにクラスの中で足の速い人がいましたよね。その人はクラスの中では速くても、学年では、地域では、全国ではと考えていくと、「得意」と言えなくなってしまうわけです。

自分の「得意」に気づくことが大事

ビジネスに必要な能力は、実作業で言えば難しいことはほとんどありません。**平均の上であれば得意ととらえていい。**より高い能力値を持つことよりも、自分が持っている平均点以上の能力に気づくことのほうが大事です。

営業先で契約はなかなか取れなくても、アポまで行ける確率は人より高い。であれば、電話営業の技術を自分の強みとしてとらえることができます。事務作業のスピードが人より速いのであれば、効率的に作業できるという強みです。何かで社内上位に入ったとか、特殊な資格を持っているとか、あるいは朝30分の勉強を1年間続けているといったことでもいい。

そう考えていけば、**強みは誰にでもある**はずです。ただそれを「強み」と認識していないだけです。

自分の客観的評価がすごく大事です。これまでの人生であっても、今の仕事であっても、何か平均以上にできたことがあったはず。それがそのまま強みに変わるのです。

「好き」はビジネスに使える

それでも強みがないと言う人は、**「好き」を得意にする視点**で考えてみましょう。本当は気づいていないだけで、「好き」と「強み」はイコールであることが多い。

仕事でも趣味でも遊びでも、「好き」なことには熱中できます。やっていることが苦にはならないので、量をこなして継続できます。自然と実力はついてきますし、仮に今60点でも、やっているうちに70点、80点を取れるようになる。それで十分勝負できます。

何かに人より詳しいといったことでも十分です。私は映画が好きで、よく観ます。もしYouTubeでおすすめの映画を紹介するチャンネルを作ろうと思えば、つくれると思います。それで登録者が増えれば、広告料が入る可能性も出てきます。他にも麻雀、スロット、漫画、音楽、食事、旅行、ホテル。「人より詳しい」と思えることはたくさんあります。

自分が好きなことは、身近なぶん「たいしたことじゃない」と思いがちです。しかし、それはとらえ方によって、強みに変わる。そして、必ずビジネスにも生かせます。

そのこと自体でビジネスができるというようなことではなくても、例えば映画好きなら、それでお客さんとの会話も弾みます。ファッションに詳しいなら、流行のファッションや、ビジネスに生かせるファッションをお客さんに教えることもできる。STEP28でもお話ししますが、今は「どんな人が売っているのか」ということがとても大事です。自分の好きなことを話すだけでも、強みに変えることができます。

自分の何を強みとしてとらえたらいいかがわからない。そんなときは、どう役に立つのかとは考えずに、**とりあえずリストに書き出してみましょう。それをどう使うかはあとで考えます。**

自分の持つ、**「得意」「好き」「詳しい」**を客観的に把握したうえで、「これを何かに使えないか」という視点で見直してみれば、必ず生かせるところが見つかるはずです。

【STEP28】

自分の「ストーリー」から強みを探す

購入の意思決定は、売り手への「共感」

現在のビジネスでは、商品やサービスを提供する側の**「ストーリー」**が大事だと言われます。消費者にとって、自分が欲しいモノやサービスの情報は、ネットを探せばいくらでも出てきます。選択肢が大幅に広がっている中で、何を基準に選ぶかというと、どんな人がつくっているのか、売っているのかです。

どんな思いで商品を開発したのか、ビジネスを通してどんなことを叶えたいのかといった価値観。もっと単純に、どんな生活をしている人なのかといった人間性など、売る側に**「共感」**することで、人は購入を決めます。

そのためには、まず自分を知ってもらわなければいけません。もちろん、自分がどんな人かを知らせればそれでいいわけではなくて、ファンになってもらう必要があります。

そのために必要なのが、**「私はこんな人間です」という「ストーリー」**です。これが、ビジネスをするうえでの「強み」になる。自分のこれまでの人生や考え方を開示してファンを作ることが、ビジネスの最大化につながります。

ネガティブなストーリーも強みになる

ストーリーを開示するうえで一番大事なのが、**決してプラスの要素だけが人を惹きつける要素ではない**ということです。むしろ、弱い部分やうまくいかなかった経験に、人は共感を覚えます。

そう考えると、**人生で起きたネガティブな出来事も、ストーリーとして使えます。**

私の場合は、過去に親が自己破産をしています。そのことで、「お金を稼がなければいけない」という意識が常にありました。そのためには良い大学に入るべきだと考えて、必死で勉強して立命館大学に入りました。

卒業前に大手銀行から内定を受けましたが、昔から心理学に興味があって、大学院に進む決意をしました。しかし大学院受験に失敗。しばらくスロットのプロとして活動しました。

その後就職した会社はブラックでしたが、社長には雇ってもらった恩義もあり、なかなか辞める決意ができませんでした。将来に明るい希望が持てないまま3年半くらい働いたところで、結婚を考える相手と出会いました。

当時の年収は300万円。これではダメだと思って、思い切って起業しました。そこから必死で働いて、結果を出すことができた。今では、十分な収入と時間の余裕を手に入れました。

こうしたストーリーが、100人中100人に受けるとは限りません。誰でも好き嫌いがある。しかし、どこかに特徴を持たないと見向きもされない時代です。貧乏だった、大きな挫折をした、離婚経験がある。誤解を恐れずに言えば、そうした**ネガティブな要素も強みになります**。

何より、ストーリーは人と重なりません。自分だけが持つ要素で、自分だけの顧客、ファンができる。オリジナリティの拡大を考えていくうえでは、最も強い武器になってくれるのです。

強みとは「人との違い」に集約される

ＳＴＥＰ27でお話ししたように、平均点以上であれば強みとして考えることができます。そして、自分のストーリーも強みになる。そう考えると、強みを見つけるということは、**人と違う部分を探す**ということに集約されます。

よくあるのは、お金持ちの家に育ったのに、それを自覚していない人です。ある人にお父さんの出身を聞いたら、ずっと東京で育ったと答えました。東京のどのあたりかを聞いたら、家賃相場の高い地域。お父さんの職業を聞くと、損害保険会社です。お母さんは元証券会社で、お姉さんはＭＲの検査技師。

「この人はステータスの高い家庭に育ったな」と思って、中学受験をしたかと聞くと高校からだとは言うけれど、その高校の偏差値は70。そういう人は高度な教育を受けているし、礼儀マナー、物腰も身なりもきれい。経歴もきれいです。

強みは、これまでの人生に隠れています。平均点以上のものでいいし、一見ネガティブに見えるものでもいい。第2章で他人を分析したのと同じように、時系列で自分の人生を振り返ってみましょう。

【STEP29】

〝どんな人が嫌いか〟を明確にする

嫌いな相手と同じことをしてしまわないために

自分の人とは違う部分を上手に演出して、強みに変えていく。こうした判断のためには、**「自分はどんな人を嫌いか」を知っておく**ことも大事です。「こういう人は嫌いだな」「うさんくさいな」と感じる基準をはっきりさせておく。

「嫌い」を知らないことのデメリットは、知らず知らずのうちに、自分が嫌いな人物像に近づいてしまう危険性があるということです。

私は他人を攻撃する人が大嫌いです。それも正面切って文句を言うのならまだいいけれど、知っている人が聞けば「あいつのことだな」とわかるような言い方で、嫌みったらしく人を批判する人がいます。ネット上には、特に多い。本当に、最低だと思います。

ただし、他人を攻撃する人、正しく言えば周囲にそう思われている人が、すべて悪意を持って発言しているとは限りません。ライバルとの差別化を考えて自分をアピールした結果が周囲には悪口に聞こえたり、冷静な分析のつもりが聞く人には嫌みに感じられたりする。自分には他人を攻撃しているという自覚がないのに、周囲にはそう見えているわけです。

ということは、自分も無意識に同じようなことをしてしまうこともあり得ます。すると、自分のオリジナリティを発揮する方向は逆に進むことになります。仮に最初はうまくいったとしても、だんだんとズレが出てきます。「自分はこうありたくない」と思っている姿でビジネスをしているのですから、本当の自分に共感してくれるお客さんには来てもらえなくなってしまいます。

そのときに、**あらかじめ自分の「嫌い」を認識していれば、ブレーキがかかります。**

「攻撃的な表現になっていないか?」「嫌みに聞こえないか?」という観点で自分の言動を顧みることができるわけです。

ネガティブなことすべてに注意できればいいわけですが、それも難しいことです。世の中の人全員に嫌われないことは無理だけれど、これだけは嫌だというものをはっきりさせておきましょう。

小さなズレが大きな溝になる

仕事に対する姿勢や仕事のやり方についても、自分の好き嫌いは明確にしておきましょう。たいていの場合、自分が嫌いだと思う相手は、誰からも嫌われています。同じことをすれば、自分も嫌われるだけです。

会社で営業の仕事をしている。自分がお客のときは強い押しで売り込みをかけられることが嫌いなのに、自分が売ろうとするときには、同じスタイルでやろうとする。お客さんが押しに負けて買ってくれたとしても、まず、次はないでしょう。そのやり方に再現性はなく、当然結果もついてきません。

気づかないうちに、自分が嫌いな人間になってしまうというのは、特にマネジメントの現場で起こりがちです。

若い頃、上司に「とにかく数字だ！　数字を取ってこい！」と言われるのがすごく嫌だったのに、自分の部下に同じことを言っている。それでは人はついてきません。自分が嫌いだった上司と同じことをしているのだから、当然でしょう。

いずれの場合も、本来の自分とはズレがあるまま仕事をすることになる。自分の強みにもなりませんし、モチベーションも下がってしまう。最初は小さなズレであっても、どこかで取り返しのつかない溝になってしまいます。

自分のブランディングのために、多少表現を誇張することもあると思います。ネットで配信するということだけではなく、会社の中でも「聞き分けのいい人」「明るい人」「論理的な人」というように、自分のキャラを意識する。

そうした**「キャラづくり」はもちろんしてもいいけれど、本来の自分と大きなズレのないようにしましょう。**お金を稼ぐ方法を教えるビジネスをしたいけれど、ギラギラしたくない。でもその説得力としてハイブランドの服を着てYouTubeを撮る。これはいいですが、見せようとして行き過ぎると危険です。両手に指輪をつけて金のネックレスをして、豪遊自慢をしている人には、あまり近づきたくないですよね。

「こうなりたい」という理想以上に、「こうありたくない」という意識は重要なのです。

【STEP30】

自分だけの「行動指針」を知る

自分で人生を選べずにいる人

「なぜ今の会社で働いているのか？」

そう聞かれて、すぐに答えられるでしょうか。目的も目標もなく、会社に行かなくてはいけないから、毎日電車に乗っている。仕事を通して何かを成し得たいわけでもない。口では「俺はこの会社に尽くしているんだ」と言ってはいるけれど、本音ではない。「いつか独立してやる」の〝**いつか**〟**はいつまで経ってもこない。**

それは、能力が足りないからではありません。**自分で人生を選んでいないから**です。

岐路に立ったときに右左のどちらに進むのか、自分で決めてこなかったから、なぜ自分が今ここにいるかを説明できません。

日本社会では、やはり他人の価値観や世の中の常識によって人生が決められることが多い。「好きなことで生きていく」「学歴は関係ない」といったようなことが言われるようになって久しいですが、未だに現実は学歴社会です。多くの人は、やはり給料が良くて安定した大企業で働きたい。そのためには学歴が必要なわけです。

みんな高校を出たら大学に入って、大学4回生になったら就活をします。本来、そうしないといけないわけではありません。しかし、世の中が求めてくるわけです。企業側や日本社会の都合で。そしてどこかで耳に入った「この大学が有利」「ここで働けば安泰」という基準で、進路を判断してしまいがちです。自分で選んでいるようで、流されている人は多い。

こうしたことに慣れていくと、自分は何がしたいか、なぜこの仕事をしているのかといったことを考えなくなってしまいます。もちろん、それで人生に満足できる人もいるでしょう。しかし、そうでない場合、これから先どちらに進めばいいのかがわからなくなってしまいます。

人生の進路でも、ビジネスの判断でも、何かを選ぶときに流動的ではダメです。**選択の根拠を持って、その時点でのベストを選ばなければいけません。**結果的に悪い方向に進んだとしても、自分で選んだのであれば間違っていたことにはならない。そこからまた自分の選択で選んだ道を正解にしていくだけです。根拠なしで選択してうまくいくほうがよほど危険です。

"自分がなぜここにいるのか"を知る

では、何を人生の選択の根拠にするのか。本書でここまでに話した理論的な部分に加え、自分自身の行動指針を持たなければいけません。**自分は、何のために、何を優先して行動する人間なのかを明確**にします。

STEP28では、強みを探すために自分のストーリーを紐解いてきました。この過程が、「自分がなぜここにいるのか」を知ることにもなります。進学、就職、転職、結婚や出産。なぜ、人生の節目にその選択をしたのか、考えてみましょう。ストーリーには、何かしらの一貫性があるはずです。

私の場合は、「人と違うことをしよう」という基準があります。それには母が小学校の教師で真面目な人物だったことが影響しているように思います。

母に言われるような価値観で生きていれば道は踏み外さないだろうということは理解していました。しかし、その反面、言われることをやるのは嫌だった。だから一人旅をしたり、一人でバーに行ったりと、意識的に人がやらないことをやりました。大学を卒業してすぐに就職しなかったことや起業を決めたことにも、通底するものがあります。振り返ってみると、それが自分探しの一還だったのだと思います。

それから、「人への恩義を大事にしたい」という指針もあります。働いていた会社では、採用してくれた社長のために辞められませんでした。起業の際にお世話になったメンターも同様です。自分ができなかったことをできるようにしてくれた人への恩義は、一生なくなりません。

こうした**行動指針を持つことで、常にぶれない選択ができるようになります**。自分で自分の進む道を選べるようになる。その選択の連なりを振り返ったときに、自分だけの人生だと思えるようになります。オリジナリティはそこを土台に生まれるのです。

【STEP31】

自分を動かす「トリガー」を知る

行動の強い動機となる価値観

私が18歳のとき、両親が離婚しました。原因は、父の浪費癖です。収入に見合わないものばかりを買って、家庭にはお金を入れなかった。夫婦仲はだんだんと悪くなり、最終的には離婚して、父親は自己破産。お金が原因で人と人とのつながりは崩れてしまうという恐ろしさを、身をもって知りました。

また、母親は自分の稼ぎだけで子供3人を育てていました。経済状況は厳しく、お金のない中で育つことには、やはり苦しさもありました。

そうした家庭に育ったことで、私には「仲の良い家族」や「お金」に対するあこがれがありました。そこから大人になって、「この人と結婚したい」と思える人と出会えた。当時の私の年収は300万円。それでも結婚する人はたくさんいると思いますが、両親を見ていた私には、とても無理だと感じられました。

しかし、そこであきらめようとは思いませんでした。大切な存在を失うのが怖かったのだと思います。それは、パートナーを失った人の姿を身近で見ていたこと、自分自身も家族を失ったことが影響していたのだと思います。

私は「お金がない」ということを理由に何かができないという状況は、絶対に嫌です。そして今でも、妻を、子供を、大切なものを失うのがすごく怖い。だからこそ、途切れることなくビジネスに注力できています。これらの思いが、私のトリガーになっています。自分を動かすきっかけであり、原動力です。

ネガティブなこともポジティブなこともトリガーになり得る

私は大学を卒業するタイミングで、大手の銀行から内定を受けていました。しかし、最終的には辞退して、大学院の心理学部を受験しました。私が通っていた立命館大学の大学院心理学部は当時倍率30倍の狭き門で、結果的には失敗したのですが、心理学を学ぼうと思ったのは、「自分」を理解したかったからです。

父の自己破産、両親の離婚という経験があったからか、私は、子供の頃から人の心理に興味があり、独学で心理学も学んでいました。そうして考えていくうちに、「自分」とは何かと悩むようになった。しかし、考えてもわかりません。そうして、もっと深く人の心理を知りたいと思いました。

私は心理学部に入れたら、将来カウンセラーになろうと思っていました。同じような進路を目指す人たちの中にも、自分自身が過去に悩んでいたという人がたくさんいました。自分を知りたくて心理学を学び、自分に足りないものを弱点ではなく、強みに変えているわけです。

どんなことがトリガーになるかは人それぞれです。私や同級生のように、自分に足りないものがあるから頑張ろうということが動機になることは多い。

一方で、成功体験がトリガーになる人もいます。子供の頃にテスト勉強を頑張って、親や先生に褒められたことがとてもうれしかった。あるいは部活でいい成績を収めたことが、ずっと自分の中に残っている。頑張って高い壁を越えることの喜びを知っているから、社会に出てからも壁を避けて通るのではなく、立ち向かっていくことができます。

強く感情が動いた記憶を思い出す

自分のトリガーを自覚できると、行動の原動力に変えることができます。何かが欲しいから、あるいは失いたくないから、自分を動かすことができる。

また、行動を続ける中では、どうしても、モチベーションが下がったり、何のためにやっているのかが見えなくなってしまったりするときがあります。トリガーを自覚していると、「何のために頑張るのか」という原点に戻ることができます。

トリガーのヒントは、一般的に幼少期にあると言われます。自分のストーリーを振り返ってみたときに、強く心に残っている出来事がないでしょうか。ある女性は物心ついてから妹が生まれて、両親にかまってもらえなくなったという記憶が強く残っているそうです。彼女のトリガーは「私を見てほしい」という思いでした。また、ある男性は幼い頃に父親を亡くして、とても不安な気持ちになったそうです。彼のトリガーは「安心したい」という思いです。

どんなことがきっかけで、どんな気持ちになったのでしょうか。うれしかったこと、楽しかったこと、悲しかったこと、悔しかったこと、人それぞれです。本を読む手を一度止めて、考えてみてください。

【STEP32】

人生をつなげる

経験を将来に生かすために

私は中学校の3年間、柔道をしていました。成績は最高で京都大会での3位で、高校入学の際には特待生の誘いもありました。

柔道を始めたきっかけは、父親と祖父がやっていたということが1つ。それに、育った家庭環境の影響か、私は子供の頃から精神的に不安定なところがあり、強くなりたいという思いもありました。

私が主宰するビジネスコミュニティの生徒さんにも柔道をしていた人がいて、「柔道をしていて良かったことってありますか？」と聞かれたことがあります。彼は頑張って柔道をしていたけれど、それが将来に役立っているわけではない。学生の頃の勉強や部活に何の意味があるのだろう、と考えていたようです。

柔道を通して私が学んだことは、努力をすれば人より強くなれるということ、そしてたいていの人は努力をしないということです。そうした学びから、他の人がやらないことをやって、なおかつ量をこなせば強くなれると知りました。

それに、世の中には明確に優劣が付く場所があるということ、畳の上では誰も助けてくれないということです。そこから何事も自分で責任をもってやっていくことを大事に考えるようになりました。

こうした学びが、大学受験にも生きました。受験を決めたことも、大学を選んだことも自分の責任だととらえて、結果を出すために量をこなしていく。この姿勢は、もちろん今のビジネスにも生きています。

表面上を見れば、柔道と仕事に、直接関係する要素はありません。しかし、**自分のとらえ方次第で、学んだことや経験したことを、その先の人生へとつなげていくことができます。**やったことがないことであっても、あの経験があるから今回も乗り越えられると考えることができる。人生は連動するのです。

みんなすでに武器を持っている

私は大学を出て、すぐに就職せずにスロプロとして活動していました。その経験が将来役に立つなんて当時は思ってもいませんでしたが、現在のビジネスでおおいに生きています。

スロットを単なるギャンブルだととらえればそれまでですが、投資の一種と考えることもできます。スロットで学んだ数字の考え方は、経営判断の土台になっています。

スロプロを辞めて入った住宅リフォームの会社での仕事も同様です。そこで働いているときには、この仕事の技術や知識なんて、会社を離れれば何の役にも立たないと思っていました。しかし今、私は不動産事業も手掛けるようになって、そこで過去の知識を活用できています。

過去の経験が今に生きているということは、誰にでもあると思います。**失敗、成功、苦労や挫折、すべて含めて、過去には必ず意味があります。**これまでに学んだことは、必ずどこかで使えるのです。

自分を全肯定してあげる

自分の経験を将来に役立てるということは、いわゆる〝後付け〟とは違います。自分がやってきたことに意味を持たせて、次に自分がやることができる理由に変えていく。

転職するとき、新しいチャレンジをするとき、みんな「さあ、ゼロからやろう」と考えがちです。そうした気持ちの持ちようも大切ですが、実際にそこで人生がリセットするわけではありません。

自分の持っている能力やスキル、考え方や姿勢。その一つひとつが、これから先の人生を切り開いていく武器になります。そして、今使える武器は、過去を探すことでしか見つかりません。

みんな、武器に変え得る経験をすでに持っています。自分のストーリーを紐解いて「強み」を探してきました。まずは自分が持っている武器に気づくこと。そしてその武器を今までとは違う使い方をして、ビジネスに生かしていきましょう。

これまでの自分を、全肯定していい。転職を繰り返したり、何も頑張ってこなかったなと思ったりする人もいると思います。しかし、その過程で必ず何かの学びを得ているはずです。人生の点と点を線で結んでいきましょう。

【STEP33】
今いる場所から価値を広げていく

オリジナリティを構成するもの

自分がどんなストーリーを紡いできた人間か、どんなことが人とは異なり、強みになり得るのかを知る。どんなことを基準に人生を選択し、これから選択していくのかを決める。そして見つけた強みを生かし、自分の行動指針に沿ってビジネスをしていく。これが「オリジナリティ」です。

オリジナリティというと、他人とは違うものや、今までにないものを想像しがちですが、今とは別の仕事をすることはおすすめできません。**新しい価値は、今いる場所から創り出すもの**です。

もちろん、現在の仕事とは別にやりたいことがあって、絶対にチャレンジしたいというなら、覚悟をもって進めばいいと思います。しかし、「今の状況を変えたいから」「もっとたくさん稼ぎたいから」という理由で別の仕事を選ぶのでは、うまくいかない場合が多い。

これまでとまったく違う仕事についてしまえば、またゼロからのスタートです。ずっと培ってきたスキルやノウハウの多くは、役立ちません。新しい仕事に必要なノウハウを、また何年もかけて得ていかなければいけない。周囲より高い競争力を持って収入を上げていくことができるのは、さらにその先です。

対象者のやっていることをまず真似て、同じようにできるようになる。その過程で自分の強みを見つけ、その強みをより生かせるように、ビジネスの枠を少しずつ広げていく。**今自分のいる場所に軸足を置いて、一歩別の場所へと広げていく**。これが一番再現性の高いオリジナリティの築き方です。

自分の価値観に強みを乗せる

私の場合、メインとなるＥＣ物販の教育事業は、起業当初から大枠としては変わっていません。やっていること自体は、ほぼ同じ。ただし、自分の強みを生かしてブラッシュアップしています。

ＳＮＳなどでの情報発信を通したマーケティングの精度を上げ、より効率的な仕組みを構築した。あるいは、商品の新しい仕入れ先を構築した。これは論理的に物事を分析するという能力的な部分に加えて、「やるからには一番になりたい」「人とは違うことをやりたい」という価値観も自分のオリジナリティととらえたうえでの展開です。

誰でも、自分の身近なところでオリジナリティを発揮できます。

例えば、セールスをしている人が、先輩の真似をして成績が上がるようになった。先輩は新規獲得より既存顧客を開拓していくタイプだったけれど、それを真似る過程で、自分は新規獲得のほうが向いているとわかった。そうして、先輩より少し新規開拓のボリュームを増やしたことで、さらに成績が上がるようになった。これだけでもオリジナリティです。

少しずつオリジナリティの範囲を広げていく

「観察」の対象は、すでに結果を出している人やビジネスでした。その前提の上に、「分析」の過程で、「外してはいけないパーツ」がどこにあるかも知っている。フローを組んで検証し、実際に真似をしてうまくいくようになっている。さらにその上に、自分の強みを乗せているわけですから、うまくいかないわけがありません。

もちろんこのとき、分析や真似のフェーズで知った「外してはいけないパーツ」を組み込んでおかないといけません。そのビジネスを成立させている要素はそのままに、自分の強みを足していきます。そこから次の展開も見えてきます。

私の場合は、ＥＣ物販の教育事業で得た知識を生かして、女性起業家の支援事業を始めました。ノウハウを教えるという意味での外してはいけないパーツは同じ。商品というパーツを置き換えただけです。

もちろん、口で言うほど簡単なものではなく、実際にビジネスを展開するときには、改めて分析やフローの組み立てが必要です。**「観察」「分析」「真似」は一度やったら終わりというものではなく、新しい展開に対して常に繰り返していくもの**です。

すでに結果の出ているものに、自分のオリジナリティを加えて、少しずつ範囲を広げていく。その結果、初めにいた場所とは違う場所へと進むことができます。成功者を見て「いろいろなビジネスをやっているな」と感じるのは、こうした段階を踏んでいるからなのです。

第5章

つながる力

「つながる」心得

「上」「横」「下」の人脈

当然ですが、一人でビジネスはできません。会社員であればもちろん、フリーランスで働く場合も、一人企業であっても、取引先や委託先の力は借りなければいけません。

商品をつくって、集客して、営業して、マーケティングをして、法務的な手続きもする。そんなことができればいいわけですが、実際にそんな人はいないわけです。単純に、効率も悪い。

一人でできることには限界がある。どう考えても人の力を借りなければいけません。

そうした意味で、ビジネスにおいて人とつながることは必須です。本章では、「人とつながる力」についてお話ししていきます。

人脈は、「上」と「横」と「下」に必要です。

「上」は、自分に何かを提供してもらう相手です。本書では主に、「分析」「真似」の対象者になります。

それからもっと身近な視点で、先輩や上司など、目上の人との関係性も重要です。何かを教えてもらうこともあれば、助けてもらうこともあります。もちろん提供してもらうだけではなくて、自分から相手に提供することも大事です。

「横」のつながりは、同じレベルで話ができる人、具体的には、同僚や同期です。競争相手として切《せっ》磋《さ》琢《たく》磨《ま》できる相手であり、お互いにアドバイスできる関係でもあります。

そうした相手は同時に**「仲間」**でもあります。同じ目標を持って、一緒に仕事に取り組む人。どんな相手と組めるかで、自分の仕事の結果は大きく変わります。その意味で、「横」のつながりには取引先などの協力関係も含まれます。

成功者に学び、仲間と一緒に高め合い、結果を出していく。自分のオリジナリティを拡大した先にあるのは、より大きく広げていくための組織化です。会社員として働く場合にも、結果を出していけば自分のチームや部署を持つようになります。そこには部下や社員といった、**「下」**の人脈も必要です。自分が人の下で働くときとはまた別の考え方も必要になってきます。本章の最後には、そのことをお話しします。

表面上のつながりは役に立たない

本書では、すべての行動に目的を持つことが必要だとお話ししてきました。それは人脈を考えるうえでも同じです。だれかれ構わずつながろうとするのではなく、**何のために必要な相手なのかを、明確にしなければいけません。**

人脈をつくるために、やたらと交流会や勉強会に参加する人がいます。そのこと自体は悪いことではありませんが、目的を勘違いしている人も多い。実力者と出会って

「○○さんを知っている」と自慢をするけれど、実際には名刺をもらっただけのことが多いものです。相手は覚えていません。仮に顔見知りになったとしても、それだけでビジネスの関係性を築けるわけでもありません。

こうした表面上のつながりは、将来的に役に立つことはあまりありません。**相手と自分がなぜつながっているのか、何を提供し、何を提供してもらう相手なのか、そのためにどんな行動が必要なのか**を明確にします。

自分のやり方を変えてはいけない

人脈は大事ですが、人とつながることと、人に合わせることは違います。周囲の人に影響されてはいけない。**常に自分軸が必要**です。

人に影響されて自分のやり方を変えてしまえば、人生を選ぶことのできなかった頃の自分に逆戻りです。真似をするにしても、ビジネスで協力してもらうにしても、自分の下で働いてもらうにしても、相手のやり方に合わせないといけないのではうまくいきません。最悪の場合には、自分の強みを消されてしまうこともあり得ます。

「観察」「分析」「真似」「拡大」を通して築いてきたノウハウや、自分だけのオリジナリティ。それらを最大限に活用して成果を出していくために、どのように人とつながっていけばいいのか。本書のしめくくりとして、そのことを考えてみましょう。

【STEP34】

成功者に小指を引っ掛けておく

環境を変えることが近道になる

私の知人に、20代前半で起業した人がいます。起業当初、彼には起業した同年代の仲間が他に4人いました。5人は普段から仲も良くて、頻繁に会っていたそうです。知人を含めて、4人のビジネスは順調で、売り上げも伸びていきました。しかし、残りの1人はまったくうまくいきませんでした。仲間同士で会うときには、お金がないからとみんなでごはんをおごっていました。私の知人はそんな彼を見て、自分だけダメで恥ずかしくないのだろうかと思いながらも、もともと仲の良い相手だったので、ずっと一緒にいました。

そうして起業から5年ほど経ったとき、気づけば状況は変わっていました。稼ぐことのできなかった彼の収入は、他の4人と同じくらいになっていたそうです。

よく、自分の周囲にいる人の年収の平均が自分の年収になると言われます。知人の話を聞いて、本当にそんなものなのだなあと感じました。一人だけダメだった彼も、他の4人と過ごすことで意識が引き上げられたのでしょう。ビジネスのノウハウなども、自然と教えてもらっていたのだと思います。

どんな人でも、現状の人脈のままでは、現状以上の成功はできません。自分が目指す場所にたどり着くためには、すでにその場所にいる人とつながらなければいけません。成功したいなら、成功者に話を聞く。隣の席の同僚に聞いても仕方がない。考えてみれば、当たり前の話ですね。

自分の「当たり前」を変えていく

私は現在の妻との出会いをきっかけに起業を決め、学べる相手を探して東京に出てきました。京都生まれで、それまで一回しか行ったことのなかった東京に、夜行バスで向かいました。

そのバスの中で、それまでに付き合いのあった人のSNSをブロックしました。これから先のビジネスにかかわる人と、妻だけを残して。

そうして東京で知り合ったメンターは、とても多くのことを教えてくれました。技術や知識もあるけれど、もっと大きな視点で私を変えてくれました。

彼にとっての、〝当たり前〟は、私にとっては全然当たり前ではありません。彼には「100万円を稼ぐ方法」がすぐにわかる。それを自分で当たり前だと思っている。それは、彼が普段からやっていることだからです。

彼の近くにいることで、私の考え方もだんだんとそちら寄りに変わっていきました。会社員としての〝当たり前〟はどんどんなくなっていきます。今まで牛丼チェーンしか行かなかった人が、「食べログ3・5点以上の店」にしか行かなくなったら自然と舌が肥える。それと同じです。**思い切って環境を変えることが、人生を変えることもある**のです。

成功者は歩くだけでお金を落としている

今、私は誰かに頼みたい案件をたくさん抱えています。本当に、人材が足りません。もちろん、誰にでも頼めるというわけではなくて、信頼できる相手でなければいけない。しかし、そうした条件に適う人が今ここにいたら、すぐにでも仕事を依頼できます。ビジネスをもっと拡大させる考えはたくさんあるけれど、具現化してくれる人がいないから動けないというパターンがすごく多い。

逆に考えれば、私の近くにいればそうした仕事で収入を得ることができるわけです。私の例がそれほど魅力的かどうかは別として、成功者の近くにはたくさんのヒントやチャンスがあります。仕事をもらえることもあるだろうし、人を紹介してもらうこともあるでしょう。壮大なパワーを持っている人は、歩いているだけでお金を落としているのと同じです。

もちろん、人に何かをもらうことだけを目的にしていては、自分の成長はありませんが、**成功者の近くにいることに、マイナスな面は何一つありません。**成功者を分析できるし、真似もできる。考え方や働き方、言葉にならない感覚的なことも含めて、より多くのことを知ることができます。常に成功者に小指を引っ掛けておく。そうした意識も大切です。

【STEP35】

成功者が何を求めているかを知る

つながるためには、相手の欲しいものを提供する

成功するためには、成功者と仲良くなることが効率的。本書でお話ししてきた「分析」や「真似」、STEP34のように、こちらの意識や考え方が変わるという意味でもそうですが、会社員であればもっと直接的な意味もあります。

組織に属している限り、上下関係は必ずついて回る問題です。誰の下で仕事をするかで、自分の評価も実績も大きく変わります。できない先輩と一緒にいても出世はできません。社内派閥みたいなものもありますよね。そういう意味では、社内政治も必

要です。勝ち馬に乗る意識が大事です。

しかし、上司や先輩であっても起業家であっても、成功者は、自分にとってメリットのない人を相手にするほど暇ではありません。彼らとつながるためには、こちらが何を提供できるかです。

それにはまず、**自分で実績を出す**ことです。それが上司にとって、また、その上役の人からの評価になります。そのための最短ルートが「真似」だったわけです。

すぐに実績を出すことが難しければ、**取り組む姿勢**でもいい。ただし、「頑張っています」と言うだけなら誰でもできます。やっているフリが一番評価を下げるものです。

やる姿勢を見せるためにも、**数字で表せるものであること**が大事です。人より仕事量を増やす、セールスで契約できなかったとしても、アプローチの数を増やす。そうした客観的な基準を見て、上司は「頑張ってるな」と思ってくれるわけです。本当に頑張って成果が出ないのなら、それでいい。上司にもそんな時代があったはずです。

視点を引いて「穴」を見つける

どんな人にでも悩みは必ずあります。それは成功者でも、上司でも同じ。私がメンターと知り合ったときは、**「この人は何に悩んでいるのか」**を考えました。

彼の周囲には、私と同じようにビジネスを学ぶ人がたくさんいました。周囲の人たちはみんな若く、彼にとっては、同世代で話しやすい相手がいないように見えました。周囲に比べると私は彼に近い年齢だったので、まずは**相談役としての役割**を意識しました。

そこから、周囲の足りないところをカバーするような動きをしました。具体的に言えば、**周囲への情報共有や教え合い**です。みんな自分が成功することには前向きだけれど、組織としてみんなで成長していくという意識が低かった。そこで、自分がわかることは教えたり、メンバー同士の交流を促すようにしたりしました。

結果を出すために自分の仕事を頑張ることや、自分をアピールすることはもちろん大事です。加えて、少し視点を引いて全体を見てみると、穴が開いていることがわかります。そこにポジションを取ることで、**「ちょっと違う動きをしているな」**と思ってもらえるわけです。

目的を持ってコミュニケーションする

成功者に自分を認めてもらうことができたら、そこからはコミュニケーションです。

簡単に言えば、〝**報連相**〟です。**「自分はこういう意図でこう動きます」「結果、こうなりました」**ということを常に共有しておく。上に立つ人ほど、メンバーがどう動いているのかを把握することで、効率的にビジネスを運びたいと考えているはずです。

もちろん、共有によってアドバイスをもらえるというメリットもあります。

一緒にランチをしたり、飲みに行ったりということも、やはり大事です。絶対必要ということではありませんが、長期的に見るとたくさんのプラスがあります。

ただし、楽しく話せばいいというわけではなくて、目的を持つことが大事です。

「今日はこれを聞こう」「これを提案しよう」という意識を持って、相手にとっても有意義な時間をつくる。

会社の中で自分のやりたいことをやったりポジションを上げたりしようと思えば、社長と仲良くなるのが一番ですよね。会社員のときにも、直接社長にメールしたり、2人で飲みに行ったり。あちらもそれを待っていると思いました。でも、みんなそれをわかっているのにやりません。

まずは**自分を認めてもらうために、周囲との差別化を図る**。そのうえで、**相手の立場だったらどう動いてほしいかを考えましょう**。

【STEP36】つまらないプライドを捨てる

何もできない自分を知った

私は人から何かを指摘されることが大嫌いです。プライベートで文句を言われる程度ならまだしも、仕事をするうえで誰かに指図されるなんて、考えただけでもイライラします。

自慢話のようにもなりますが、もともと、たいていのことは器用にこなせるタイプでした。学校の成績も悪くありませんでしたし、大学もそれなりのところには入れました。結局入社はしなかったけれど、一流の銀行から内定も受けました。スロプロとしても人並み以上に稼ぐことはできた。会社員の頃も、給料は少なかったけど、上がり幅は社内でも良かった。

自分にできないことがあって、それが課題として表れたとき、自分でなんとかしようとか、自分はできるはずだと思いがちです。特に、私みたいにプライドの高いタイプはなおさらです。起業をしようと決めた当初も、お金を払って誰かに何かを教えてもらうなんて、論外だと思っていました。

しかし、起業するときにはすべてのプライドを捨てました。

自分はできる人間だと考えたところで、他人に何を言ってみたところで、みじめな生活をしているのが現実でした。その現実を変えるためにはどうすればいいかと自分を分析していった結果、「ああ、これは無理だな」と思いました。このまま自分のプライドを大事にしていても、たぶん何もできない。自分に対して負けを認めた。挫折みたいなものです。

頭を下げたからこそ今の自分がある

人生を変えるためには、今までと違うことをしなければいけない。お金を払ってでも、土下座してでも変わりたいと思いました。

そうしてメンターに教えを乞うようになったわけですが、私は彼のコンサルティングの中でも、一番高いコースに申し込みました。他の人たちが64万8000円の商品を買う中で、私は324万円。生まれて初めての自己投資で324万円です。

「お金を払って教えてください」と頭を下げないと、何もできない人間だとわかった。はっきり言って、屈辱です。でも、そこで頭を下げてお金を払ったからこそ、今がある。つまらないプライドは、早めに捨てるべきです。

多かれ少なかれ、みんなプライドを持っていると思います。普段の生活でお金を払ってまで何かを習うことは少なくても、仕事でわからないことがあったときに、素直に周囲に聞けない人も多いと思います。頭を下げて気持ちのいい人はいないでしょうし、「こんなことがわからないのか」と思われるのも嫌です。

でも、**そんな小さなプライドを大切にしていたところで、何も変わりません。**学ばなければいけないと悟ったのであれば、徹底的に自分のプライドを抑えて、頭を下げるべきです。

「仲良くなること」を目的にしてはいけない

ただし、教えを乞うために頭を下げるからといって、その相手にひきずられてはいけません。

例えば私はキャバクラが嫌いで、目上の人に誘われても基本的には行きません。その結果、嫌われることもあるかもしれませんが、キャバクラに行かないという理由で低い評価をしてくる相手であれば、それ以上付き合う必要はありません。そんな人が仕事ができるとは思えない。教えを乞う必要もありません。

このとき、相手に「嫌われたくない」「好かれたい」という思いが先に立ってしまうと、キャバクラについていくことになります。悪いことではありませんが、それはもう、仕事の関係とは言えません。もちろん相手に合わせることが必要な場合もありますが、あくまで自分の目的のためです。**分析なら分析、真似なら真似のために頭を**

下げるのであって、「仲良くなるため」ではありません。

そこをはっきりさせておかなければ、せっかく自分の行動指針やトリガーを明確にしたのに、結局他人の価値観で生きることになってしまいます。つまらない見栄や意地を捨てながら、自分軸は見失わない。これが本当の意味でのプライドと呼べるのかもしれません。

【STEP37】

付き合っていく相手を選ぶ

「横」のつながりの価値

私が起業するとき、同時期にスタートした人たちが5人いました。それぞれ自分たちで仕事をするわけですが、それまで同じメンターに学んでいたので、1つの組織のような雰囲気もありました。

読者のみなさんにも、会社の中に同期や年の近い人、社歴の近い人がいると思います。こうした「横」のつながりも、やはり大事です。

まず、**同僚や同期はライバルでもあります**。ライバルは自分の成長度や実績を比較する、一番の指標です。お互い切磋琢磨していくことができるし、精神的な励みにもなります。

それに、社歴や年が近いということは、自分と同じような課題を持っているということです。こうした情報が、おおいに参考になります。私の場合、自分にできないことをライバルができていると、どんな要因があるのか、すぐに聞くようにしていました。時間も環境も近い生の声。それが何よりのヒントになります。

そして、**同じ会社やグループの相手であれば、力を合わせて働く「仲間」**です。有能な人や相性の良い相手と組めば、それだけ成功する確率も高くなっていきます。しっかりと関係性を築いておくことで、何かあったときの助けにもなってくれます。もちろん相手に臨んでばかりではダメ。STEP35でお話しした「上」の人脈をつくるための方法と同様に、自分が相手の役に立つことも大切です。

「誰と組むか」がビジネスを左右する

ビジネスをするうえで、**「どんな人と組むか」**はとても大事な要素です。同僚や上司、部下という形でメンバーをそろえる場合もあるし、ビジネスパートナーとして協力会社と関係性を築くこともあります。

ビジネスをするうえでは、他人がいなければ成り立たないパーツや、人に頼むことで効率化されるパーツはたくさんあります。それがビジネス全体にとって不可欠なパーツだったり、自分たちのリソースだけではできないパーツだったりすることもあります。こうした協力関係を、誰と組むか。これはビジネスの結果を左右する要素になるとも言えます。

私の場合、**新しい人と組むときには、基本的に双方を知る人の紹介に限定しています**。どんな人か、まったく知らない相手と仕事を進めていくのでは、不確定要素が多過ぎます。その点、誰かの紹介であれば、ある程度の人物性が確約されます。もちろん、その紹介者が信頼できる人であることが条件ですが。

そうして初めて会った人には、まず本人のストーリーを聞きます。「分析」のフェーズと同じです。出身地や家庭環境、学歴、職歴など、どんな考え方でこれまでの人生を過ごしてきたかを聞いていく。

それで価値観や仕事に対する姿勢が自分とは合わないなと思ったら、一緒にはやりません。仮にそれが自分のビジネスの中の不可欠なピースを埋める人材であっても、他の人を探します。ドライなようですが、いい印象を持てない相手と無理をして仕事をしても楽しくありません。それに、自分が相手に嫌な印象を感じているということは、向こうもそう思っている可能性が高い。

そこを「ビジネスだから」と妥協して付き合っていても、結果的にうまくいきません。ビジネスは自己表現です。自分に合わないピースがあれば、必ずどこかでほころびが出てきます。そして実際にマイナスなことが起きると、「やっぱり、あの人だからか」となってしまう。失敗するにしても成功するにしても結果とその原因だけを見たいのに、別の基準が生まれてしまうわけです。

それですぐに関係性を切ることができればいいわけですが、一度結んだ手を放すのも難しい。そうして無理をして付き合いが長くなればなるほど、引き返しづらくなります。お互いに嫌だと思いながら、非効率的に仕事しなければいけない。

実際には、会社の中で組む相手を選ぶのは難しいと思います。将来的に自分でかかわる人間を選べるようになったときの心構えとして、**なるべく嫌な相手とは付き合わない**ようにしましょう。

【STEP38】

お金と時間を手に入れる

会社の中での自分の需要を高めていく

会社組織は、たいていの場合ピラミッド構造になっています。最近はボトムアップ型やフラットな組織が大切にされる雰囲気もありますが、立場や役職の断層があるという事実は変わらないと思います。

平社員から経営者まで、どのポジションであっても、そこに自分がいることに満足できているのであれば、それでいいでしょう。しかし、みんな本音としては末端にいたくない。仕事の裁量権もなければ、収入的にも優遇はありません。少なくとも、この本を読んでくれている人はそれに気づいているでしょう。

会社の中で上のポジションに昇り詰めていくために必要なのも、オリジナリティの拡大です。自分の強みを生かして会社に貢献することによって、社内での自分の需要は高まっていきます。そうすると、選択の幅が広がります。仕事を選べて、部下を選べて、仕事の進め方を選べるようになります。人やルールに従っていたところから、自分がルールをつくる立場になる。

ポジションを上げていくことだけを目的にするとつらいこともありますが、**オリジナリティの拡大の大前提は、自分の価値観に合ったやり方で強みを発揮することです。**その条件の中で収入や裁量権を増やしていく。やはりまずはそこを目指すべきではないでしょうか。

ビジネスはオーナーになってこそ

オリジナリティを持って結果を出していれば、**社外に対する影響力**も高まっていきます。誰がやっても同じ仕事ができるわけではなく、自分しかできない仕事にお客さんが集まる。そうして会社ではなく、**「あなたに頼みたい」**という相手が現れます。

そこまでいけば、会社を離れるという選択肢も考えられるようになります。

業種にもよりますが、独立して最初の頃は一人でビジネスをする場合が多いと思います。そこからビジネスの波に乗ることができたとき、もちろん一人で続けてもいいわけですが、私はやはり組織として拡大していくべきだと考えています。

私は、ビジネスの醍醐味《だいごみ》はオーナーになってこそ味わえるものだと思います。人はビジネスを通して何を得たいのかと考えれば、**多くの場合はお金と時間**です。一回きりの人生で、自分の価値観を貫く。それができない原因は、結局はお金や時間が問題なのではないでしょうか。

しかし、人に雇われる立場や個人で仕事をしている間は、お金か時間のどちらかに偏ってしまいます。お金を稼ぎたければ時間を使い、時間が欲しければお金をあきらめなければいけない。**トレードオフの関係**です。オーナーであれば、そこを両立できるようになるわけです。

より多くの人に価値提供できるために

オーナーでいることの価値をひと言で言えば、「ストレスがない」ということかもしれません。

不安や不満が大きいと、自分のことしか見えなくなります。そうした感情から解放され、自分の生活に満足できると、人に価値提供をしようと思えるようになります。もっと顧客の満足度を高めるためにはどうすればいいか、自分のできることでもっと多くの人の役に立つためにはどうすればいいか、社員のみんなに楽しく働いてもらうためにはどうすればいいか。そうしてより可能性は高まり、ビジネスの好循環が生まれる。そうすると、人生はどんどん楽しくなっていきます。

何より、**常に自分の価値観を優先できる**ようになります。私の場合は無限の成長。大きなお金を動かしたかったし、自分がどこまでできるかを知りたかった。どうせやるなら一番になりたい。これからも、自分の価値観で仕事をしていきます。

ビジネスの最大化とは、オリジナリティの最大化です。自分だけが生み出せる価値で、より多くの人の悩みを解決する。多くの人の役に立つ。規模が大きければ大きいほど、価値提供の範囲も大きくなる。その姿をイメージできるようになったとき、ぜひチャレンジしてみてください。

【STEP39】

オリジナリティをさらに拡大する

相手のオリジナリティを尊重する

私の事業には、全体で200人くらいのパートナーがいます。年下もいますし、年上もいます。過去の経歴もさまざまです。私がパートナーを選ぶときには、相手が自分の人生に向き合っているかどうかを見ます。スキルや学歴、わかりやすい能力などはあまり気にしません。人生を変えたい、悔しい、という気持ちがあって、仕事をする強い理由になっている。そのために学ぶ姿勢があれば、それでいいと考えています。

もともと私は、人を拒むということがほとんどありません。もちろん、嫌いな人はいます。常識がない人、食って掛かってくる人、自分が正しいと思い込んでいる人。

そうした、受け入れることが無理な相手もいるのですが、**基本的にパートナーは多種多様でいい**と考えています。

組織の人数が増えるにしたがって、ビジネスが難しくなる、あるいはオリジナリティが薄まるという考え方もありますが、私はそうは思いません。

まず、本書でお話ししてきたように、押さえるべきパーツを理解して、外さないようにしていれば、ビジネスとしては外しません。

そして、規模が広がるということを、自分のオリジナリティの拡大だととらえることもできます。自分のメイン事業があって、オリジナリティを広げたサブ事業がある。そこで働く営業担当者が顧客に商品を売るためには、私が考えた商品のことを知らなければいけません。そして、彼ら彼女らを通して顧客が買ってくれる。そうして私のオリジナリティはさらに拡大していくわけです。

何より、**パートナーはそれぞれ自分のオリジナリティを持っています**。そのオリジナリティをどんどん拡大していってほしい。自分なりに自分のやりたい人生を楽しんでほしいと思います。

それが結果的に、私のオリジナリティをさらに拡大することにもなります。パートナーが新しいことを始めれば、私も自分でできなかったことができるようになります。

例えば私が自分で今から飲食のビジネスをやろうとすれば、修業からスタートです。

しかし飲食をやりたいという人がいて、そこに私が出資すれば一緒にできる。それも自分のオリジナルです。


誰でも、その人にしかない強みがあります。その人にしかできないことがきっとある。お互いの持っているものを掛け合わせて、新しいものがつくれたらいい。そうしてみんなそれぞれにオリジナリティを拡大して、それが絡み合っていくことができれば、これ以上の組織はありません。

人をまとめるために必要な「受け入れる力」

多種多様な人たちをまとめるために必要なのは、**「受け入れる力」**です。別の言い方をすれば**「期待をしない」**ということ。どんな相手でも、人に仕事を任せれば、思いどおりにやってくれないことがあります。最初からそんなものだと思っています。

結果に腹を立てたり落ち込んだりしても、何にもなりません。

それは私がすぐれていて、彼らの能力が足りないというわけではありません。**相手が思いどおりに動かないということは、自分の基準とは違うということです。**すべて自分の基準どおりに動いてもらえばいいのかと言えば、そんなわけはありません。自分の基準を押し付けて出来上がるのは、自分です。そこに本人のオリジナリティは生まれません。

そして、**組織は常にチャレンジすべき**です。突飛なことを始めるのではなく、今いる場所で新しいことに取り組んでいく。少しずつ枠を広げていく。そうしたチャレンジ精神によって売り上げが長期的に伸びていく。

そうした環境の中で、かかわっている人たちが切磋琢磨しながら成長していく。スキルが身につく、結果を出せる。収入が上がる。そこにプラスして、人間関係がいい。楽しいといった感情面も不随する。それがベストですよね。

理想に過ぎないと思われるかもしれませんが、真似の対象となる成功例と、メンバーが成長するためのリソースがあればうまくいきます。だから上に立つ人間は、自分の成功している姿を見せなければいけません。そのためにも、拡大を続けていかなければいけないのです。

おわりに

本書でお話ししたことをひと言で表現するならば「自分のことを知れば、うまくいく方法がわかる」ということです。

自分を知ることで、結果が出る。結果が出ることによって、他者に必要とされるようになる。他者に必要とされることで、さらに自分のできることが増えていく。この繰り返しです。つまり、自己分析ができれば、必然的に成功していくのです。

「俺はもっとやれるはず」
「私には能力はある」

そう口にする人は多い。間違いだとは言いませんが、多くの場合、人は正しい自己分析ができていません。客観的事実と自己分析が釣り合って初めて、成功への道が見えてきます。

自分がどのポジションにいるのか、自分の個性や能力がどんなところに生かせるのか、一個一個、客観的に理解していく。世の中を知ることで、自分の輪郭がわかる。あとはやるだけです。

自分と一番長く、深く付き合っているのは自分なのに、みんな自分のことをしりません。自分のことさえ知っていれば成果は出る。成功とは自分の中で、すでに完結してここにあるのです。


この本を読んでくださっているのは、会社員の方が多いと思います。本書のノウハウは、起業や独立だけではなく、会社の中で結果を出すためにも役に立つものであると思います。

ただ、私個人の本音としては、やはり自分でビジネスを始めてほしいと思います。もちろん、恐怖もあると思います。今すぐに会社を辞める、ということはなかなかイメージできないでしょう。

そこで、スモールステップとして、せっかく会社員でいるなら、守られながら自分を知りましょう。会社員であれば、多少の無茶をしても大丈夫です。例えば関連会社の人と飲みに行く、新しい商品開発をしてみる、取引先を開拓してみる。お金をもらいながら、小さなチャレンジがたくさんできます。

そこから自分の強みが見えてきます。もし失敗してもたいした損はありませんし、上司に責任を押し付けることもできます。探してみれば、やれることはたくさんあると思います。

私は起業するまで、自分のことがよくわかりませんでした。子供の頃からたいていのことは無難にこなすことができて、学校の成績もそれなりに良かった。そうしたこともあってプライドは高かったけれど、自己評価は低かった。

「自分の価値はなんだろう」
「自分はどこにいたらいいのか」

そんなことをずっと考えていました。

幸いなことに、チャレンジしたビジネスはうまくいき、今は、「なぜそんなに自信があるのか」とよく聞かれます。現実として成功したからということもありますが、それは大きな理由ではありません。

私は、自分を受け入れることがその人にとっての自信になるのだと思います。どんなにみじめな生活をしていても、自分は世の中に1人しかいません。そのことを自覚して、自分がどんな人間なのかの理解を深めていく。それが自信の根本であり、結果が出ることや人に認められることはその先にあるのだと思います。

本来、誰でも自分を受け入れることができるはずです。生きているだけで、自分は世の中に1人だけの尊い存在です。ただ、現在の社会ではその価値が見えづらいから、成功体験や人からの感謝によって自信というものが定義されているだけです。

本書のノウハウは、ビジネスでの成功はもちろん、自分を受け入れることにもつながります。今自分に自信を持てていない人は自信を持つために、自信を持っている人はさらにその自信を強固なものにするために、役立てていただければ幸いです。

2023年1月

森 貞仁

【著者プロフィール】

森　貞仁（もり・さだまさ）

株式会社 Myself 代表／経営コンサルタント。

京都出身。立命館大学卒業後、みずほ銀行の内定を蹴ってスロットのプロへ。３年間で1500万円の収益を残す。将来性や社会性を考え27歳で初就職。ところが、ブラック企業に勤めてしまい月休み１回、手取り20万円、サービス残業月200時間という過酷な職場で３年半勤務。20歳で現妻と出会い、年収300万、貯金なし、休みなしでは結婚ができないことから、独立を決意。脱サラ初月114万円の利益を達成する。６期目の年商は従業員なしで27.2億円に到達。副業や起業のコミュニティを多数展開し、累計生徒数１万人以上。教え子で月100万円の達成者は100名以上。YouTube の登録者４万人超。SNS マーケティングやメルカリを使った物販、Amazon での貿易などを得意としており、200名以上のビジネスパートナーと多数の事業を展開している。著書に『初月から10万円を稼ぐメルカリ転売術』『「お金」も「人」もついてくる すごいコミュニケーション』(以上、総合法令出版)、『わずか２年で月商5000万円になった起業家のスピード仕事術』(秀和システム)がある。

あの人の「才能」をトレースする技術

2023 年 2 月 23 日　　初版発行

著　者　森　貞仁
発行者　太田　宏
発行所　フォレスト出版株式会社
〒 162-0824 東京都新宿区揚場町 2-18　白宝ビル 7F
電話　03 - 5229 - 5750（営業）
　　　03 - 5229 - 5757（編集）
URL　http://www.forestpub.co.jp

印刷・製本　日経印刷株式会社

ISBN978-4-86680-218-3　Printed in Japan

あの人の「才能」をトレースする技術

読者の方に無料特別プレゼント

本書を読んだ人に役立つ
未公開コンテンツ【STEP40】

（動画ファイル）

著者・森 貞仁さんより

本書を読み終えた人に役立つ未公開コンテンツ【STEP40】を無料プレゼントとしてご用意しました。読者限定の無料プレゼントです。ぜひダウンロードして、本書とともにご活用ください。

特別プレゼントはこちらから無料ダウンロードできます↓

https://frstp.jp/morisada

※特別プレゼントはWeb上で公開するものであり、小冊子・DVDなどをお送りするものではありません。
※上記無料プレゼントのご提供は予告なく終了となる場合がございます。あらかじめご了承ください。